# MARCO POLO

Reisen mit
**Insider Tipps**

# ZYPERN

## NORD UND SÜD

Istanbul

TÜRKEI

W0015747

ISRAEL

ÄGYPTEN

### MARCO POLO Autor
### Klaus Bötig

Der Bremer Reisejournalist kennt Zypern seit 1974.
Mehrmals jährlich reist er auf die Insel und besucht
stets beide Inselteile. Für seine politische Neutrali-
tät spricht, dass ihn griechische wie türkische Zyprer
für einen Freund des jeweils anderen halten. Er
selbst schätzt außer Stränden und Sehenswürdigkeiten die Wälder und Berge, die zyprische Küche
und die heitere Gelassenheit der Inselbewohner.

**www.marcopolo.de/zypern**

**SYMBOLE**

INSIDER TIPP   Insider-Tipp

★   Highlight

● ● ● ●   Best of ...

☼   Schöne Aussicht

😊   Grün & fair: für ökologische oder faire Aspekte

(*)   kostenpflichtige Telefonnummer

**PREISKATEGORIEN HOTELS**

€€€   über 100 Euro

€€   65–100 Euro

€   unter 65 Euro

Preise für ein Doppelzimmer mit Frühstück in der Hauptsaison

**PREISKATEGORIEN RESTAURANTS**

€€€   über 16 Euro

€€   12–16 Euro

€   unter 12 Euro

Die Preise gelten für ein Fleischgericht mit Beilagen oder ein Mesé-Essen (12 bis 20 verschiedene Gerichte)

Páfos → S. 64

Tróodos → S. 76

Nordzypern → S. 86

Reiseatlas → S. 128

**GUT ZU WISSEN**

**KARTEN IM BAND**
(130 A1) Seitenzahlen
und Koordinaten verweisen
auf den Reiseatlas
(0) Ort/Adresse liegt außerhalb des Kartenausschnitts
Es sind auch die Objekte mit
Koordinaten versehen, die
nicht im Reiseatlas stehen
(U A1) Koordinaten für die
Karte von Nicosia im hinteren
Umschlag

**UMSCHLAG HINTEN:
FALTKARTE ZUM
HERAUSNEHMEN →**

**FALTKARTE** 🗺
(🗺 A−B 2−3) verweist auf
die herausnehmbare Falt-
karte
(🗺 a−b 2−3) verweist auf
die Zusatzkarte auf der Faltkarte

# Die besten MARCO POLO Insider-Tipps

**Von allen Insider-Tipps finden Sie hier die 15 besten**

**INSIDER TIPP ▸ Zypern-Boheme**

Das Art Café 1900 in Lárnaka sieht von außen recht unscheinbar aus. Lassen Sie sich nicht abschrecken: Denn innen ist es zum Treffpunkt einer kunstsinnigen regionalen und internationalen Szene geworden – dank exzellenter Küche und guter Weine wie klassischer Drinks an der Bar → S. 39

**INSIDER TIPP ▸ Britannia sei Dank**

Weil sie auf dem Hoheitsgebiet der britischen Militärbasis liegen, werden die Strände von Avdímou noch nicht beworben. Und blieben deshalb auch von Hotelbauten und Landschaftszersiedelung bisher verschont → S. 49

**INSIDER TIPP ▸ Frische Ravioli**

Im Sedir Café im Innenhof der alten Karawanserei Büyük Han in Nordnicosia werden alle Teigwaren vor den Augen der Gäste handgemacht. Probieren Sie die gefüllten Ravioli und beschließen Sie das Mahl mit Honig-Joghurt (Foto o.) → S. 59

**INSIDER TIPP ▸ Markt vorm Minarett**

Nach Nicosia fahren Sie am besten mittwochs: Dann findet auf der mittelalterlichen Constanza-Bastion der Stadtmauer ein großer Bauernmarkt statt → S. 60

**INSIDER TIPP ▸ Das beste Mesé**

In der Taverne Laterna in Páfos ist der Wirt ein engagierter Ökobauer und leidenschaftlicher Koch zugleich. Die Weine für seine Gäste bezieht er von kleinen Winzern der Region → S. 68

**INSIDER TIPP ▸ Bei Künstlern wohnen**

Im Altstadthotel Kinirás in Páfos zieren Bilder und Wandmalereien der Wirte und Gäste die Wände in den Zimmern und im lauschigen Innenhof → S. 71

**INSIDER TIPP ▸ Odysseus unterm Widder**

Der klassische Sarkophag von Koúklia war der erste archäologische Sensationsfund dieses Jahrtausends. Er erzählt von den Abenteuern des Helden Odysseus → S. 73

# BEST OF ...

**SPAREN**

### ● Kostenlose Konzerte

An fast jedem Sonntag im Jahr finden in Páfos, Limassol und Lárnaka kostenlose Konzerte statt, mal Folk oder Rock, mal Jazz oder Klassik. Veranstalter sind die jeweiligen Stadtverwaltungen → S. 112

### ● Wo Wünsche (vielleicht) wahr werden

Im *Kýkko-Kloster* gewinnen Sie zwischen golden glänzenden Mosaiken und ausdrucksstarken Wandmalereien tiefe Einblicke in die Volksfrömmigkeit der griechischen Zyprer und dürfen an einem Wunschbaum auch gleich beitragsfreie Zukunftsvorsorge betreiben (Foto) → S. 80

### ● Unterm Maulbeerbaum

Was andernorts das Café fürs Sehen und Gesehenwerden ist vor der Lala-Mustafa-Moschee in Famagusta die 800 Jahre alte *Maulbeerfeige*. Unter ihrem Blätterdach sitzen Sie wie im Theater und sparen sich das Geld für den Mokka. Gläubige Moslems unterziehen sich am Reinigungsbrunnen vor gotischer Fassade islamischen Ritualen, Schulklassen in Uniform stellen sich zum Erinnerungsfoto auf → S. 88

### ● Strand for free

In Nordzypern müssen Sie an vielen der besseren Strände um Kyréneia/Girne Eintritt zahlen. Kostenlos sonnen und baden Sie dagegen bei Famagusta an den schönen *Sandstränden* beim Hotel Palm Beach und vor den Ausgrabungen von Sálamis → S. 90

### ● Kunst statt Konten

Ein Bankgebäude, in dem es mal nicht um Kontostände geht, ist das Museum der Kulturstiftung der *Bank of Cyprus* in der Altstadt von Nicosia. Hier streifen Sie durch 8000 Jahre zyprische Kunstgeschichte, ohne dafür Gebühren zahlen zu müssen → S. 54

### ● Rund um den Olymp

Der *Atalanta-Trail* in Tróodos führt in vier Stunden als kostenfreier Naturlehrpfad rund um den Berg Olymp. Besondere Kondition ist nicht erforderlich, keine Taverne lockt zum Geldausgeben → S. 100

●●●● Diese Punkte zeichnen in den folgenden Kapiteln die Best-of-Hinweise aus

### ● *Zyprisches Mahl in der Hauptstadt*

In der Taverne *Matthéos* in Nicosias Altstadt essen Sie wie die Einheimischen. Da kommt zu schlichten Gerichten wie Eintopf und Süßkartoffel mit Schweinefleisch immer ein Teller mit Rohkost und Oliven auf den Tisch → S. 59

### ● *Volkstanz auf dem Dorfplatz*

Wenn Sie zyprische Volkstänze auf einem Dorfplatz erleben wollen, sind Sie einmal wöchentlich auf der Platía von Pissoúri bestens aufgehoben, wenn dort authentische *Folklore* gezeigt wird (Foto) → S. 51

### ● *Miteinander im Niemandsland*

Eins der ganz wenigen Dörfer Zyperns, in denen griechische und türkische Zyprer noch zusammenleben, ist *Pýla* bei Lárnaka. Am Dorfplatz haben Sie die Wahl zwischen griechisch-zyprischem und türkischem Bier und treffen auf südamerikanische Uno-Soldaten: Pýla liegt nämlich im Niemandsland → S. 43

### ● *Viele Freunde, viele Gerichte = ein gutes Abendessen*

In der Traditionstaverne *Nápa* in Agía Nápa erleben Sie, dass für ein echt zyprisches Abendmahl mindestens 15 verschiedene Gerichte vom Salat und Zaziki bis zu Calamares und Lammkoteletts auf dem Tisch stehen und ebenso viele Freunde drumherum sitzen müssen → S. 34

### ● *Baden vor der Geisterstadt*

Die knallharte politische Wirklichkeit vermittelt Ihnen der Palm Beach in Famagusta. Da baden sie unmittelbar neben dem Stacheldrahtzaun, der den Stadtteil *Varósha* seit 1974 zur Geisterstadt macht → S. 89

### ● *Picknick im Wald*

Machen Sie es wie die Zyprer und packen Sie am Wochenende alles fürs leckere Essen auf einem der zahllosen Picknickplätze in Nord und Süd ein. Der vielleicht schönste Platz der Insel liegt im Wald von *Stavrós tis Psókas* → S. 75

### ● *Speisen wie ein Sultan*

Wie die Oberschicht in osmanischen Zeiten speiste, können Sie im nostalgischen Edelrestaurant *Boghjalian Konak* in Nord-Nicosia in einem historischen Kaufmannshaus nachvollziehen → S. 59

TYPISCH

# BEST OF ...

**REGEN**

● *Kultur und Kulinaria*
In der ehemaligen Johannisbrotmühle *Carob Mill* in Limassols Altstadt treffen moderne Kunst und Kulinaria aus ökologischen Kleinbetrieben auf Szenelokale, eine Minibrauerei und Restaurants mit kreativer zyprischer Küche → **S. 46**

● *Museen ganz geballt*
Beim *Erzbischöflichen Palast* in Nicosia liegen fünf verschiedene Museen so dicht beieinander, dass Ihr Schirm auf dem Weg vom einen zum anderen kaum nass wird (Foto) → **S. 55–57**

● *Einfach mal abtauchen*
Nutzen Sie den Schlechtwettertag für einen Schnupper-Tauchgang, wie ihn Tauchschulen inselweit anbieten. Bei *Sunfish Divers* in Agía Nápa dauert er drei Stunden und führt Sie schon beim ersten Versuch in Tiefen bis zu 8 m hinab → **S. 106**

● *Trocken shoppen*
In der alten *Markthalle* von Páfos werden jetzt statt Obst und Gemüse, Fleisch und Fisch nur noch Souvenirs jeder Art verkauft. Das riesige Angebot zu sichten braucht Zeit, zwischendurch laden einfache Marktkneipen und -cafés zur Bedenkpause ein → **S. 69**

● *Alles rund um den Wein*
Das *Cyprus Wine Museum* in Erími spricht alle Sinne an. Mit Augen und Ohren sehen und hören Sie Interessantes zu Geschichte und Technik des zyprischen Weinanbaus, dann sind Gaumen und Nase bei einer ausführlichen Weinprobe gefordert → **S. 49**

● *Dem Maler Modell sitzen*
*Theo Michael* in Lárnaka ist einer der besten zeitgenössischen Maler der Insel. In seinem kleinen Studio in der Altstadt zeichnet oder malt er ein Porträt von Ihnen, mit Bleistift oder Pinsel, groß oder klein → **S. 39**

# ENTSPANNT ZURÜCKLEHNEN
## Durchatmen, genießen und verwöhnen lassen

**● Wellness im historischen Hamam**
Im 400 Jahre alten *Omeriye Hamam* in Nicosia gehen alte osmanische Praktiken und zeitgemäße Gesundheitsaspekte unter historischen Kuppeln eine harmonische Verbindung ein (Foto) → S. 57

**● Heilquellen wiederbelebt**
Die weltabgeschiedene Lage in einem grünen Tal zwischen Páfos und Pólis macht das Spa Resort *Agíi Anárgýri* zum alternativen Luxus-Spa. Heilkräftiges Mineralwasser wird nicht nur in den Pool geleitet, sondern auch in einige der Bungalows und Suiten → S. 70

**● Indisch loungen**
In der Lounge-Bar *Moti Mahal* in Lárnaka sitzen Sie lässig im Schneidersitz auf weißen Kissen. Der Duft von Räucherstäbchen umweht Sie, während Sie Cocktails schlürfen, Currys essen und zu entrückender Musik den Blick übers Meer schweifen lassen → S. 39

**● Ein Sonnentag auf See**
Vom Bilderbuchhafen Kerýneia aus steuert der bildschöne Zweimast-Motorsegler „*Barbarossa*" täglich Strände entlang der Nordküste an. Gehen Sie an Bord, lassen Sie die Küste vorbeiziehen und sonnen Sie sich auf den Decksplanken → S. 95

**● Wohlfühlen mit Feng Shui**
In dem umweltfreundlichen *Hotel E* von Perivólia bei Lárnaka profitieren Sie von den Wohlfühlfaktoren der Feng-Shui-Lehre, nach denen das Haus konzipiert wurde. Tüpfelchen auf dem Relax-i ist die herrliche mediterrane Gourmetküche im hauseigenen Restaurant → S. 42

**● Eremitage am Meer**
Wenn ein laues Seelüftchen und der Blick von Ihrem Bett durch die offene Tür auf das nur zwei Schritte entfernte Meer für Sie Komfort genug bedeuten, dann sind die Mönchszellen ähnlichen Ferienhäuschen der Taverne *Oasis at Ayfilon* bei Dipkarpaz/Rizokárpaso für Sie ein wahres Paradies → S. 90

# AUFTAKT

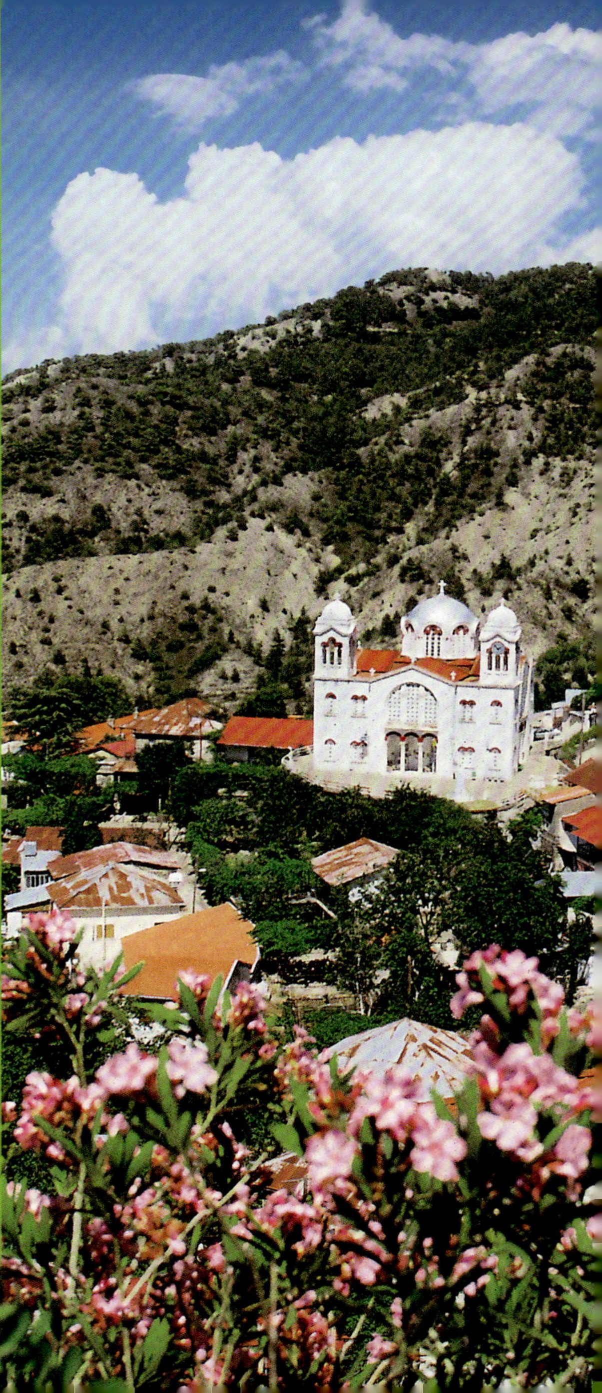

# ENTDECKEN SIE ZYPERN!

Die schöne Liebesgöttin Aphrodite soll auf Zypern zu Hause gewesen sein. Die sonnige Insel im äußersten Osten des Mittelmeers ist eigentlich eine angemessene Heimat für eine Schönheitsexpertin: Lange Traumstrände, glasklares Wasser, wilde Steilküsten und zwei markante Gebirge prägen ihre Landschaft, gotische Kathedralen, türkische Moscheen, byzantinische Klöster und Kreuzritterburgen ihre Kultur. Wäre da nicht diese große, hässliche Narbe: Mitten durch die Insel und mitten durch ihre quicklebendige Hauptstadt verläuft eine 1974 gewaltsam gezogene Grenze. Den Zyprioten ist sie in Denken und Fühlen allgegenwärtig, als ausländischer Besucher spüren Sie sie kaum, können Sie hier einen so friedlichen Urlaub am Mittelmeer verbringen wie anderswo auch.

Wer aus den Badeorten der Südküste in die Inselmetropole Nicosia kommt, steigt fast immer auf der fast 500 Jahre alten venezianischen Stadtmauer aus dem Bus oder parkt seinen Mietwagen im Wallgraben, übernachtet vielleicht in einem Hotel auf der 4 km langen Mauer, die die ganze Altstadt umgibt. Auch das alte Rathaus aus britischen

Bild: Blick auf den Ort Pedoulas im Tróodos-Gebirge

Besuchermagnet im türkischen Teil der Haupstadt: Büyük Han, die große Karawanserei

Kolonialzeiten hat auf einer ihrer Bastionen Platz gefunden, wird vom Reigen der bunten Flaggen der EU-Staaten flankiert, zu denen seit 2004 auch Zypern gehört. Von ihm führt die Lidras Street als Fußgängerzone schnurgerade ins Altstadtinnere hinein.

## Grenzverkehr gehört zum Alltag

Moderne kleine Geschäfte locken mit Schuhen, Mode, und Schmuck; Straßencafés, Restaurants und Eisdielen sind stets gut besucht. An einer der Straßenecken fordert seit Jahrzehnten jeden Abend ein Bingo-Anbieter zum Spiel heraus. Alles das wirkt ganz zyprisch-normal. Doch nach 600 m hat die Normalität ein Ende. Der Reisende passiert einen griechisch-zyprischen Grenzposten, geht ein paar Schritte durch die von UN-Soldaten kontrollierte Pufferzone. Auf der

**7000–1050 v. Chr.**
Zypern wird vom kleinasiatischen Festland aus besiedelt

**1050–294 v. Chr.**
Zeit der Stadtkönigreiche

**294 v. Chr.–391 n. Chr.**
Zypern wird zu einer Provinz des ägyptischen Ptolemäer-Reichs und 58 v. Chr. römisch

**391–1191**
Zypern gehört zum Oströmischen und später zum Byzantinischen Reich

**1191–1489**
Zypern wird von fränkischen Königen regiert

**1489–1571**
Die Insel gehört Venedig

anderen Seite, der türkisch-zyprischen, zeigt er den Personalausweis, füllt ein Einreiseformular aus. Danach ist wieder alles normal, die historischen Bauten so schön wie im Südteil. Und doch ein wenig anders. Denn die Einheimischen hier sind Moslems statt Christen, sprechen türkisch statt griechisch, haben einen anderen Pass, eine andere Regierung. Doch die Menschen sitzen auch hier in den Straßencafés und würfeln fürs gleiche Brettspiel, das die einen *távli,* die anderen *tavla* nennen. Anders eben und doch gleich.

In den drei großen Städten der Südküste – Limassol, Lárnaka und Páfos – spüren Sie die Teilung nicht. Sie wirken modern und gepflegt. In Hotels, Restaurants und Geschäften wird nahezu überall Englisch gesprochen. Speisekarten und Hinweisschilder sind zweisprachig. Die Küsten Zyperns sind vielfältig: Kilometerlange Sandstrände säumen nahezu die gesamte Ostküste nördlich von Famagusta und die Südküste bei Lárnaka; viele Sandstrandbuchten gibt es bei Agía Nápa und westlich von Páfos, in der Nähe von Limassol und auch im Norden nahe Kerýneia. Kieselsteinstrände bieten die Küsten bei Pólis.

Jeder Teil Zyperns hat sein eigenes Gebirge. Das 1026 m hohe, bis zu 6 km breite und 100 km lange Kerýneia-Gebirge säumt im Nordteil die Anatolien zugewandte Küste. Mit seinen

## Klöster und Kreuzritterburgen

bizarren Spitzen, schroffen Wänden und markanten Felsknollen wirkt es recht alpin, während das Tróodos-Gebirge im Süden trotz seines 1951 m hohen Olymps und eines Durchmessers von 60 km eher den Eindruck eines grünen Mittelgebirges erweckt. In

**1571–1878**
Zypern wird Teil des Osmanischen Reichs; viele Türken werden auf die Insel angesiedelt

**1878–1925**
Großbritannien pachtet Zypern seiner strategischen Bedeutung wegen vom Osmanischen Reich

**1925**
Die Insel wird britische Kronkolonie

**1960**
Zypern wird unabhängig, Erzbischof Makários III. Präsident

**1963/64**
Beginnender Bürgerkrieg; erste UN-Friedenstruppen kommen nach Zypern

den vielen Tälern des Tróodos gedeihen Obst- und Nussbäume; bis auf Höhen von über 1000 m wird Wein angebaut. Während im Kerýneia-Gebirge drei Kreuzritterburgen als Ausflugsziele locken, ist der Tróodos überreich an Klöstern und den für Zypern wegen ihrer Ziegeldachform sogenannten typischen Scheunendachkirchen. In über 20 von ihnen sind mittelalterliche Wandmalereien erhalten, viele von ihnen stehen auf der Unesco-Liste des Weltkulturerbes der Menschheit.

Bei der Fahrt durch die Gebirgstäler stößt man immer wieder auch auf verlassene Dörfer, in denen bis 1974 türkische Zyprioten gewohnt haben. Sie verließen sie wegen der Teilung der Insel nach der türkischen Invasion im Juli 1974. Der Krieg dauerte einen Monat und war durch den von der griechischen Militärdiktatur angezettelten Putsch gegen Staatspräsident Makários III. verursacht worden, der den Anschluss Zyperns an Griechenland zum Ziel hatte. Um das zu verhindern, intervenierten die Türken. In der Folge des Krieges flohen mehr als 150 000 griechische Zyprioten aus dem türkisch besetzten Norden in den Süden, über 45 000 türkische Zyprioten siedelten in den Norden um.

Ein kleines Café im ganz unter Denkmalschutz gestellten Tróodos-Dorf *Kakopetriá* heißt „I Galíni". „Heitere Gelassenheit" wäre wohl die passende deutsche Übersetzung. Hier am winzigen Tisch auf der kleinen Terrasse unter schattigen Laubbäumen über dem rauschenden Bach zu sitzen und am kleinen zyprischen Kaffee zu nippen, vermittelt genau dieses Grundgefühl, das viele Zyprioten als besonders hohes Gut

> **Heitere Gelassenheit ist für Zyprioten ein besonders hohes Gut**

ansehen und anstreben. Sie erfahren es als Reisender auch, wenn Sie sich unter die Marktbesucher in den Cafés vor der Markthalle in Limassols Altstadt mischen oder abends zwischen Palmen, Strand und Straßencafés über die Uferpromenade von Lárnaka schlendern.

Gelassen sind auch die verwilderten Esel, die Ihnen auf der Karpass-Halbinsel im äußersten Nordosten wahrscheinlich vors Auto laufen werden. Sie gehören zu den wenigen größeren Tierarten, die der modernen Zersiedlung der Landschaft auf der bisher wenig umweltbewussten Insel getrotzt haben. Einen Überlebenskampf füh-

**1974**
Türkische Invasion Zyperns nach einem von der griechischen Militärjunta inszenierten Putsch gegen Makários, Teilung der Insel

**1977**
Makários stirbt

**1983**
Einseitige Proklamation der „Türkischen Republik Nordzypern"

**2004**
Im April stimmen 75,8 % der Südzyprioten gegen eine Wiedervereinigung. Am 1. Mai wird nur Südzypern EU-Mitglied

**2008**
Der Euro wird Landeswährung

Von wegen Nutztier: Die wilden Esel im Nordosten genießen ihr Dasein ganz unbelastet

ren hingegen die großen Meeresschildkröten, die den Golden Beach sowie den Lára Beach westlich von Páfos besonders zahlreich zur sommerlichen Eiablage ansteuern.

Manchmal säumen die Strände winzige Buchten wie die Fig Tree Bay oder die Kónnos Bay in Protarás, oft ziehen sie sich kilometerlang und so breit wie ein Fußballfeld feinsandig oder buntkieselig am Ufer entlang. Paraglider segeln an Fallschirmen durch die Luft, Taucher steigen in Meeresgrotten und zu versunkenen Schiffen hinab. Zypern ist sportlich, bietet auch zu Land mit ausgezeichneten Wanderwegen und Mountainbikestationen, mehreren Golfplätzen und einigen Reitställen ein breitgefächertes Angebot. Die Nacht setzt dem Tanzdrang keine Grenzen: Agía Nápa gilt als Diskozentrum des östlichen Mittelmeers, insbesondere in Limassol können Sie gut miterleben, wie die Einheimischen in Musikclubs und Traditionslokalen feiern.

> **Aphrodite schätzte auf ihrer Insel die verschwiegenen Orte**

Aphrodite dagegen schätzte auf ihrer Heimatinsel Zypern eher die ruhigen, verschwiegenen Orte. Weitab vom Strand Pétra tou Romíou, wo sie erstmals den Fluten entstieg, und von Páfos, wo ihr bedeutendstes Heiligtum stand, traf sie sich mit ihrem Geliebten Akamás in einem kleinen Quellteich beim heutigen Pólis zu zärtlichen Stunden ganz nahe am Meer. Dort auf der Tavernenterrasse zu sitzen, frischen Fisch und ein Glas zyprischen Weins zu genießen, über die weite Bucht auf die See zu schauen und die lichten Johannisbrotbaumhaine an sanften Hängen um sich zu wissen, bringt auch den erholungsbedürftigsten Urlauber zu der Art von Ruhe, die der Zyprer anstrebt – zu heiterer Gelassenheit.

# IM TREND

## 1 Performance

***Kunst*** Beim *Pantheon Urban Soul Festival* in Nicosia kommen viele Kunstformen zusammen: Tanz und Theater, Objekt- und Performancekunst *(Trípoli Park, www.pantheonculture.org, Foto)*. Die Trommlergruppe *DrumInspire* nimmt jedes Jahr an dem Festival teil *(Voróklini, www.druminspire.com)*. Ebenso das *Echo Arts Center* unter der Leitung von Ariánna Económou. Die Künstlerin, die ein Tanztheater besitzt, gibt Modern Dance Workshops *(Vasileos Pavlou 67b, Kaimakli, Nicosia, www.echo-arts.info)*.

## Im Einklang 2

***Natur-Wellness*** Zyperns Wellnessinstitute setzen auf die Kraft der Natur. Im *Agíi Anárgýri Spa* stimmt auch das Umfeld bis ins Detail. Das moderne Resort liegt in einer alten Klosteranlage *(Páfos, www.ayiianargyrisparesort.com)*. Das Spa des *Le Meridien* wartet mit dem größten Thalassobecken Europas unter freiem Himmel auf *(Nicosia Road, Limassol, Foto)*. Sogar eine eigene Bio-Kosmetiklinie gibt es auf Zypern: *Neoderma* produziert hochwertige Cremes und Lotionen ohne Gentechnik und Tierversuche *(www.neoderma.com)*.

## 3 Kraft aus Kräutern

***Aromatische Helferlein*** Schon mal in einer Kräuterbibliothek geschmökert? Im *CyHerbia Nature Project* können Sie Ihr Kräuterwissen vergrößern und ganz praktisch im Kräutergarten vertiefen *(Avgorou, www.cyprushealingherbs.com)*. Bei *Earth Herbals* lernen Sie in Workshops Cremes, Öle und Tees aus Kräutern herzustellen *(Akamás, www.heavenonearthherbals.com)*. Im *Sienna Restaurant* schlemmen Sie im Kräutergarten. Oregano, Basilikum und Koriander sorgen für das zypriotische Aroma *(Chlorakas Avenue, Páfos, Foto)*.

# Downhill & Crosscountry

**Es geht bergab** Für Fahrradfahrer ist Zypern ein Traum. Jetzt entwickelt sich langsam auch eine Downhill- und Crosscountry-Szene. Wer steile Abgänge nicht scheut, steigt auf das Rad nach Voróklini. Dort startet rund 200 Meter über dem Meer eine künstliche Downhillstrecke. Hier findet auch das *Oroklini Downhill Race* statt, bei dem Andreas Pettemerides vom *Limassol Sporting Club* regelmäßig Lorbeeren einheimst *(http://limassolsportingclub.terapad. com)*. Unterstützt wird die noch junge Downhill-Szene von *Fenistal*, dem Vertreter von *Bergamont Bicycles* mit Testcenter in Nicosia *(Tseríou Avenue 150, www.bergamont.de)*. Wer lieber querfeldein fährt, als bergab, ist bei den Crosscountry-Bikern der Insel richtig. Die treffen wenigstens einmal im Jahr beim *Sunshine Cup* aufeinander *(www.cyclingcy.com, Foto)*.

# Agrotourismus

**Ausstieg** Nicht die todschicken Hotelanlagen liegen den Zyprioten am Herzen, sondern die alten Steinhäuser. Um sie zu erhalten, werden die Häuschen modern ausgestattet. Auch besonders komfortable Villen entstehen. Wie zum Beispiel in dem kleinen Dorf Tochní. Dort hat man den Agrotourismus perfektioniert *(www.tochnivillas.com)*, ebenso wie in Buyukkonuk auf der türkischen Inselseite. Hier können Sie ins Dorfleben eintauchen, Oliven für die Ölpressen sammeln, Brot backen, Ziegen hüten oder Hallúmikäse zubereiten *(www.ecotourismcyprus.com, Foto)*. Die *Leona Foundation* setzt sich durch die Vermietungen der Steinhäuschen ebenfalls für den Erhalt alter Strukturen ein *(www.conservation.org.cy)*.

# STICHWORTE

### AUSLÄNDER

Ausländer haben in den letzten 800 Jahren die Geschicke Zyperns bestimmt. Seit 1191 wurde die Insel von fremden Herrschern mit einer anderen Muttersprache regiert, die einer anderen Konfession, wenn nicht gar Religion angehörten. Erst kamen die römisch-katholischen Kreuzritter, dann die Venezianer, später die Türken und schließlich die Engländer. Großbritannien, Griechenland und die Türkei gaben Zypern ohne Mitwirkung von Zyprioten die Verfassung des heutigen Staats. Seit 1964 sind UN-Soldaten aus der ganzen Welt auf der Insel – und 1974 kamen auch türkische Truppen zurück. Ihnen folgten Mitarbeiter ausländischer Firmen aus aller Welt, denen Südzypern zahlreiche Steuervorteile bot. Nach dem Zusammenbruch der sozialistischen Staatenwelt investierten viele Russen ihre Schwarzgelder auf der Insel in Unternehmen, die diese Gelder anschließend ganz legal in die GUS-Staaten zurücktransferierten – heute existieren ca. 20 000 russische Unternehmen, zumeist Briefkastenfirmen, in Südzypern, 40 000 Russen leben hier. Hinzu kommen die Briten. Viele von ihnen haben im Norden oder im Süden Zweitwohnsitze – und etwa 20 000 sind auf den zwei großen Militärstützpunkten Südzyperns stationiert, die sich Großbritannien bei den Unabhängigkeitsverhandlungen 1959/60 für alle Zeiten pachtfrei gesichert hat. Da fallen die 2,5 Mio. Touristen, die jedes Jahr nach Zypern kommen, kaum noch als Gäste auf Zeit auf.

Bild: Aphrodite-Heiligtum in Páfos

Zwischen Byzanz und EU: Die Geschichte hat ihre Spuren in Stein hinterlassen. Und ist auch Ursache für Zyperns politische Probleme

## BEWÄSSERUNG

Wie viele Mittelmeerinseln litt auch Zypern lange unter Wassermangel. Das Problem ist seit den 1990er-Jahren weitgehend gelöst. Die reichen Niederschläge des Winterhalbjahrs werden von über 100 Stauseen und -becken im Tróodos-Gebirge aufgefangen und über Kanäle und Pipelines bis in die großen Städte und auf die Felder im Flachland geleitet. Zusätzliche Hilfe schaffen zwei Meerwasserentsalzungsanlagen im Süden. In besonders trockenen Jahren muss allerdings noch Trinkwasser per Schiff aus Griechenland eingeführt werden.

## BYZANZ

Byzantinischem begegnen Sie in Zypern auf Schritt und Tritt. Für Zypern ist Byzanz die Klammer zu Griechenland, das sich schon seit der Gründung des neugriechischen Staats 1830 und erst recht seit dem Untergang des zaristischen Russland als dessen Nachfolger versteht. Ein Teil Griechenlands war Zypern ja nie – wohl aber mit Griechenland gemeinsam ein Teil von Byzanz: Kaiser Konstantin hatte 330 die Hauptstadt des Römischen Reichs an den Bosporus verlegt. 395 teilte Kaiser Theodosius das Römische Reich; die Stadt, inzwischen Konstantinopel genannt, wurde zum Zentrum des Oströmischen Reichs, das wir Byzanz nennen. Als die Türken Byzanz 1453 eroberten, nannten sie die Stadt Istanbul.

## FAUNA

Zyperns Tierwelt hat unter der starken Zersiedlung gelitten. Besonders auffällig sind nur die vielen Tausend rosa Flamingos, die im Winter und Frühjahr in den Salzseen von Lárnaka und Akrotíri stehen, die unzähligen Schwalben und Mauersegler sowie der bis zu 30 cm lange *Hardun*, eine urzeitlich wirkende Echse. Stark gefährdet sind die Meeresschild-

kröten der Art *Caretta caretta,* die an den Sandstränden der Insel im Hochsommer ihre Eier ablegen, die Gänsegeier, die in entlegenen Gebirgsteilen ihre Kreise ziehen, und die acht Schlangenarten Zyperns, von denen nur drei giftig sind. Als Nationaltier gilt das scheue Wildschaf Mufflon, von dem im westlichen Tróodos noch etwa 2000 Exemplare sehr versteckt leben.

## FLORA

Zypern ist eine besonders dicht bewaldete Mittelmeerinsel. Ein Fünftel seiner Fläche ist inzwischen wieder baumbestanden, nachdem die Wälder jahrtausendelang für den Schiffs- und Hausbau und als Brennmaterial gefällt wurden.

In den küstennahen Regionen überwiegen Öl- und Johannisbrotbäume, an den

Nutztiere profitieren von Nutzpflanzen: Schafe suchen Schatten unter Olivenbäumen

Stränden stehen hauptsächlich Tamarisken, an den Landstraßen Eukalyptusbäume. Zypressen und Akazien lockern das Bild auf. In den höheren Regionen gedeihen vor allem Aleppokiefern, Steineichen, Pappeln, Nuss- und Obstbäume sowie im Westen des Tróodos-Gebirges über 30 000 Zedern. Die Gipfelregionen sind von Wacholder und Schwarzkiefern bewachsen. Insgesamt gibt es auf Zypern etwa 1800 Pflanzenarten. Mehr als 120 davon kommen in freier Natur nur auf Zypern vor.

Die wichtigste Kulturpflanze der Insel ist der Wein. Getreide wächst vor allem in der Mesaória, der Ebene zwischen den beiden Inselgebirgen. Zitrusfrüchte werden in großen Mengen an der Nordküste und in den Plantagen von Fasoúri westlich von Limassol angebaut, Kartoffeln in der Region bei Agía Nápa und Bananen sowie Erdnüsse in der Umgebung von Páfos.

Im Frühjahr ist Zypern ein einziges Blütenmeer. Besonders auffällig sind die Asphodelien und die Zistrosen, Hyazinthen und Narzissen, Cyclamen und Päonien, Klatschmohn, Oleander und Ginster sowie als Zierpflanzen Hibiskus und Bougainvillea.

Allgegenwärtig: UN-Wachhäuschen an der Green Line

## GREEN LINE

Zypern ist seit 1974 geteilt. Eine 217 km lange Demarkationslinie trennt den überwiegend von türkischen Zyprioten besiedelten Norden von Südzypern, wo nahezu ausschließlich griechische Zyprioten leben. Die Altstadt von Nicosia wurde schon 1964 geteilt, die Trennlinie wurde mit einem grünen Filzstift in einen Stadtplan eingezeichnet. Deshalb trug sie fortan den Namen Green Line, der inzwischen für die gesamte Demarkationslinie gilt.

Diese unnatürliche Grenze wird momentan immer noch von Soldaten dreier Parteien bewacht. Im Norden stehen türkische und türkisch-zypriotische Einheiten, im Süden griechische und griechisch-zypriotische. Dazwischen liegt ein 10 m bis 7 km breiter Streifen, die sogenannte Pufferzone, in der Soldaten der *Unficyp* genannten UN-Friedenstruppen patrouillieren, um ein direktes Aufeinandertreffen der Parteien zu verhindern und Probleme sofort auf niedrigster Ebene lösen zu können.

## FLOTTE

Kaum zu glauben: Das kleine Zypern gehört zu den zehn größten Schifffahrtsnationen der Welt, innerhalb der EU steht es sogar an dritter Stelle. Knapp über 1000 Schiffe mit einer Gesamttonnage von 20,2 Mio. t laufen unter zyprischer Flagge. Die zumeist ausländischen Reeder schätzen an Zypern die geringe Bürokratie und die niedrige Steuerlast – und die geringen Heuern für die Seeleute. Selbst die Syltfähre zwischen der deutschen Insel und dem dänischen Römö läuft seit 2011 unter zyprischer Flagge.

Man findet sie in allen Gotteshäusern und in vielen Privatwohnungen, am Armaturenbrett von Linienbussen und in den Ruderhäusern der Fischerboote. Ikonen sind etwas ganz anderes als die Bilder christlich-religiösen Inhalts in unseren Kirchen. Sie sind kein Schmuck, sondern bringen den Heiligen ins Haus, machen ihn gegenwärtig. Sie gelten als „Tore zum Himmel". Deswegen genießen sie besondere Verehrung, werden geküsst, mit Gold, Silber, Edelsteinen und kostbar bestickten Vorhängen beschenkt. Ikonen sind Konsulate des Himmels auf Erden. Sie werden behandelt, als wären sie der Heilige selbst.

## JUGEND

Zyperns Jugend scheint das Leben zu genießen. Cafés und Bars sind schon tagsüber voll mit gut gekleideten jungen Leuten, an Sommerwochenenden bevölkern sie die Strände und Beach Clubs. Fast jeder besitzt ein Handy, oft auch ein Auto oder Motorrad. Doch unter der Oberfläche gärt es, obwohl öffentliche Proteste noch selten sind. Der allgemeine Wohlstand und die Gründung von Universitäten in Zypern selbst haben in den letzten 20 Jahren dazu geführt, dass immer mehr Schüler das Abitur machen und im In- oder Ausland studieren. Arbeitsplätze für Akademiker aber gibt es viel zu wenige. Viele junge Leute sind gezwungen, ins Ausland abzuwandern. Wer bleibt, wohnt oft aus Kostengründen bis zur Hochzeit bei den Eltern. Jobs zur Kassenaufbesserung zu finden, ist schwierig, denn zahlreiche ausländische Arbeitskräfte aus aller Welt stehen bereit, um sie zum staatlich garantierten Mindestlohn auszufüllen.

Stets üppig geschmückt: Ikonen

Als Urlauber bemerkt man den Verlauf der Green Line außerhalb von Nicosia nur in Form von Wachttürmen und Flaggen. Eine Gefahr geht von ihr für Touristen nicht aus. In Nicosia selbst wird die Green Line durch eine einfache, niedrige Mauer markiert, die mit weiß-blau gestrichenen Ölfässern und Sandsäcken verstärkt ist. Teilweise wird sie sogar durch die mittelalterliche Stadtmauer gebildet.

## IKONEN

Darstellungen von Heiligen und biblischen Ereignissen auf Tafelbildern nennt man in der orthodoxen Kirche Ikonen.

## MAKÁRIOS III.

Dem Erzbischof, der die Insel in den ersten 17 Jahren ihrer Unabhängigkeit regierte, begegnen Urlauber noch immer auf vielen Fotos und in Form monumentaler Denkmäler. Er ist für die meisten Südzyprioten der Übervater, an dessen Politik kaum Kritik geübt wird. 1913 als Bauernsohn im Bergdorf Páno Panagiá im Tróodos geboren, trat er als Elfjähriger ins Kloster Kýkko ein und studierte später Theologie. 1948 wurde er zum Bischof von Kition (Lárnaka) gewählt, bereits zweieinhalb Jahre später dann zum Erzbischof der Insel.

Makários wurde auch zum politischen Führer der griechischen Zyprioten und flankierte mit flammenden Reden den bewaffneten Kampf gegen den Kolonialherrn. So war es fast selbstverständlich, dass er 1960 zum ersten Präsidenten der neuen Republik gewählt wurde. Sein Amt als Kirchenfürst behielt er.

In den folgenden Jahren versuchte Makários, den starken Einfluss zurückzudrängen, der den türkischen Zyprioten in Verwaltung, Politik und Polizei durch die Verfassung gewährt wurde. Er ließ militärische Maßnahmen gegen türkische Zyprioten zu und förderte so die Spannungen.

Außenpolitisch machte sich Makários für die Blockfreiheit Zyperns und eine Minderung der wirtschaftlichen Abhängigkeit von Großbritannien stark. Als das Militär im Jahr 1967 in Griechenland die Macht übernahm, rückte Präsident Makários von seinem Streben nach *énosis,* dem Anschluss an Griechenland, ab. Er verurteilte die Diktatur der Athener Obristen. 1974 organisierten die Militärs seinen Sturz. Nach der türkischen Invasion kehrte Makários nach Zypern zurück, wo er bis zu seinem Tod 1977 allerdings nur noch die Teilung verwalten konnte.

## RELIGION

Fast alle griechischen Zyprioten bekennen sich zum griechisch-orthodoxen Christentum. In der orthodoxen Kirche dürfen Priester vor ihrer Weihe heiraten. Die Orthodoxen erkennen den Papst nicht als Oberhaupt an. Bei der Taufe wird der Täufling vollständig ins Wasser getaucht, die Erstkommunion wird gleich nach der Taufe vollzogen. Weitere Unterschiede bestehen im dogmatischen Bereich.

Die türkischen Zyprioten sind nahezu ausschließlich sunnitische Moslems. Die wenigsten von ihnen sind strenggläubig; so werden das Alkoholverbot und die Fastenregeln im Monat Ramadan von türkischen Zyprioten nur wenig beachtet. Eine sehr viel konservativere Haltung zum Islam nehmen jedoch die vielen ländlichen Neusiedler aus Anatolien ein, die seit 1974 nach Nordzypern geholt wurden.

## STRÄNDE

In Südzypern sind alle Strände außer den organisierten Strandbädern der Fremdenverkehrszentrale eintrittsfrei, an der Nordküste um Kerýneia sind einige Strände verpachtet und eintrittspflichtig. An allen vielbesuchten Stränden werden Liegestühle und Sonnenschirme vermietet, meist ist dort im Sommer auch eine Strandwacht (Baywatch) aktiv.

## VOGELJAGD

Nahezu unbemerkt von Öffentlichkeit und Touristen treiben in Südzypern über tausend Vogelfänger ihr mörderisches Unwesen, die Zahl für Nordzypern ist unbekannt. Da manche Zyprioten närrisch scharf auf den Verzehr von Singvögeln sind, werden hohe Schwarzmarktpreise erzielt, sodass sich unter den Vogeljägern schon geradezu mafiaähnliche Strukturen entwickelt haben. Gehandelt werden die mit Schlagnetzen und Leimruten gefangenen Piepmätze freilich nur unterm Ladentisch.

# ESSEN & TRINKEN

Zyperns Küche ist von vielfältigen fremden Einflüssen geprägt. Türkische, orientalische, italienische, asiatische und britische Komponenten sorgen für Abwechslung und interessante Gewürze. Verwendet werden vor allem heimische Produkte. Der Herd wird relativ selten genutzt. Man gart Gerichte lieber im Lehmbackofen oder auf dem Holzkohlengrill. Fleisch wird gern in großen Mengen verzehrt, Fisch ist dafür zu teuer. Hülsenfrüchte sind beliebt, Kapernzweige und Korianderblätter werden oft in Salaten gereicht. Viele Gemüse isst man auch roh oder sauer eingelegt.

Eine große Anzahl an zypriotischen Spezialitäten an einem einzigen Abend kennenzulernen fällt nicht schwer. Fast alle Restaurants preisen ihr *mesé* an („mee-

see" gesprochen). Es besteht aus 12 bis 20 verschiedenen, auf kleinen Tellern servierten Gerichten, von denen sich jeder nimmt, so viel er mag. Sie haben die Wahl zwischen Fleisch-, Fisch- und eventuell rein vegetarischem *mesé*.

## GETRÄNKE

Zum guten Essen gibt es auf Zypern immer auch einen guten Wein. Noch bis vor wenigen Jahren war er der wichtigste Devisenbringer der Insel. Das Angebot und die Auswahl sind groß; inzwischen sind sogar Bioweine auf dem Markt. In Nordzypern wird kaum Wein angebaut; hier trinkt man vor allem Weine aus der Türkei. Auf Zypern wird aber auch Bier gebraut. Aus südzypriotischen Brauereien

**Brandy Sour zur Begrüßung: Zyperns Nationalgetränk ist ein Relikt aus britischen Kolonialzeiten**

kommen die Marken *Keó* und *Carlsberg*. Im Norden trinkt man das türkische *Efes* oder das in österreichischer Lizenz gebraute *Goldfässl*.

Als Aperitif aus heimischer Produktion stehen Sherry und Ouzo zur Wahl. Als Digestif sind der bittere Orangenlikör *fílfar,* der Dessertwein *commandaría* und der zypriotische Brandy empfehlenswert. Als beste Brandy-Marke gilt *Five Kings. Brandy Sour,* der erfrischende Longdrink aus Brandy, Zitronen- oder Limonensirup und Soda, ist eine Hinterlassenschaft der Engländer und wurde zum zypriotischen Nationalgetränk. Alkoholfreie Spezialität Nordzyperns ist *ayran,* ein Gemisch aus Wasser und Joghurt mit etwas Salz und getrockneter Pfefferminze. Frisch gepresste Säfte werden selten angeboten und sind angesichts der vielen Orangen- und Obstplantagen unangemessen teuer.

**ESSEN IM HOTEL**

Der Standard der zypriotischen Hotelrestaurants ist hoch. Beim Frühstück macht

# SPEZIALITÄTEN

▶ **afélia** – mariniertes, in Rotwein geschmortes, recht fettes Schweinefleisch
▶ **chiroméri** – gepökeltes Ziegenfleisch
▶ **choriatikí saláta** – Bauernsalat mit Schafskäse und Oliven (Foto)
▶ **dolmádes** – mit Reis und manchmal auch Hackfleisch gefüllte Weinblätter
▶ **hallúmi** – zyprischer Schafs- und Ziegenkäse, wird bevorzugt gegrillt gegessen
▶ **humús** – ein Püree aus Kichererbsen, Öl, Petersilie und Knoblauch
▶ **kléftiko** – das zypriotische Nationalgericht. Im besten Fall im traditionellen Lehmbackofen (oftón) mit Kartoffeln gebackenes Lamm- oder Ziegenfleisch
▶ **kúpes/kupékia** – Teigbällchen aus grob gemahlenem Weizen, gefüllt mit Schweinehack, Zwiebeln und Petersilie
▶ **lachanodolmádes** – warm servierte, kleine Kohlrouladen, gefüllt mit Reis und Hackfleisch
▶ **lúndsa** – eine Art Kassler, meist in dünnen Scheiben serviert
▶ **paidákia** – Lammkoteletts

▶ **ravióles** – große, mit Käse und oft auch etwas Minze gefüllte Ravioli
▶ **scheftaliá** – gut gewürzte, gegrillte Würste aus Schweinehack in Lammbauchfell
▶ **stifádo** – Schweine-, Rinds- oder Kaninchengulasch in einer mit Zimt oder Kreuzkümmel gewürzten Tomatensoße
▶ **supjés** – eine meist im Stück oder gefüllt servierte Tintenfischart, die im Gegensatz zu den viel bekannteren kalamáres immer frisch aus dem Meer und nicht aus der Tiefkühltruhe kommt
▶ **súvla** – Grillspieß mit nahezu faustgroßen Fleischstücken
▶ **suvláki** – die kleinere Variante davon mit gabelgerechten Fleischstückchen
▶ **tachíni** – eine dicke Soße aus Sesam, Öl, Knoblauch, Zitronensaft, besonders als Vorspeise beliebt
▶ **talatúri** – eine dem griechischen tzazíki ähnliche Soße aus Joghurt, Salatgurke, Öl und Knoblauch (Foto)
▶ **taramosaláta** – rötliches Püree aus Fischrogen und Kartoffelmus

sich der britische Einfluss bemerkbar. Würstchen, gebratener Speck und Eier oder Omeletts gehören in den besseren Hotels zum Frühstücksbüfett, in einfachen Häusern können Sie sie gegen Aufpreis bestellen.

Mittags und abends werden häufig auch zypriotische Gerichte angeboten.

In vielen Häusern wird abends ein- oder mehrmals wöchentlich ein Büfett aufgebaut, durch das Sie dann wie bei einem *mesé*-Essen auch viele zypriotische Spezialitäten kennenlernen können.

## AUSWÄRTS ESSEN

Wer außerhalb des Hotels essen geht, kann kulinarische Weltreisen unternehmen. Das Angebot an italienischen, asiatischen, französischen und libanesisch-syrischen Restaurants ist groß, auch die polynesische, russische, spanische und lateinamerikanische Küche sind gut vertreten. Gýros, Döner, Pizza, warme Sandwichs und Hamburger ergänzen das Angebot.

Die Speisekarten sind fast immer mindestens zweisprachig (Griechisch oder Türkisch und Englisch). Zum Essen wird man Ihnen grundsätzlich Brot servieren, das auch dann in Rechnung gestellt wird, wenn Sie nichts davon genommen haben. Die meisten Restaurants sind von etwa 12–15 Uhr und von 19–23 Uhr geöffnet. Tischreservierungen sind nur für größere Gruppen oder für Spitzenrestaurants üblich.

## KAFFEEHÄUSER UND KONDITOREIEN

Konditoreien gibt es nur in den Städten. Sie werden auf Griechisch *sacharoplastío*, auf Türkisch *pastahane* genannt und servieren Getränke (aber keinen Wein) sowie Süßspeisen und orientalische Kuchen. Zu den Süßspeisen gehören auf Zypern auch eine Vielzahl in Zuckersirup eingelegter Früchte und Gemüse wie kleine Tomaten, unreif geerntete Walnüsse, Bergamotten, Kirschen, Pflaumen, Auberginen und Weintrauben. Der Sammelbegriff für all diese Leckereien, die Ihnen auf einem kleinen Tellerchen

mit Teelöffel und Kuchengabel serviert werden, ist *gliká tou koutoulioú*.

Überall in den Städten und in fast jedem Dorf finden Sie Kaffeehäuser, im Singular *kafeníon* (türk. *kahvehani*) genannt. An mit Filz belegten Tischen werden Karten, Dame und *távli* (Backgammon) gespielt. Man trinkt alkoholfreie Getränke, Bier und Kaffee oder Tee, in Südzypern auch *tsiwanía* (Tresterschnaps), Ouzo oder Brandy – und vor allem Whisky. Es gibt zwar löslichen Kaffee, der immer als *Nescafé* bezeichnet wird und den man als Frappé auch kalt trinkt. Standardgetränk auf Zypern ist jedoch der Mokka, den Sie als *kafé* bestellen und dabei angeben, wie Sie ihn wünschen: *skétto* (türk. *sadez*) – ohne Zucker; *métrio* (türk. *ortai*) – mit etwas Zucker; *warígliko* (türk. *sekerli*) – mit viel Zucker.

Zyprische Lebensart: Draußen essen und trinken

# EINKAUFEN

Zypern ist kein Paradies für Shopper. Das Angebot an originellen Souvenirs hält sich in engen Grenzen.

## ANTIQUITÄTEN

Wer Altes schätzt, findet vor allem in den Antiquitätengeschäften in der Altstadt von Nicosia nicht nur Tische, Betten und Schränke, sondern auch leichter transportierbare Objekte, insbesondere Porzellan, Uhren, Schmuck, Besteck und Glas aus britischer Kolonialzeit.

## IKONEN

Ein besonderes Souvenir sind handgemalte Ikonen. Sie kaufen sie am besten bei Ikonenmalern, z. B. in Limassol, in Ómodos oder im Kloster Ágios Minás.

## KULINARISCHES

Bei der Suche nach Mitbringseln sollten Sie die kulinarischen Spezialitäten der Insel nicht vergessen: Zypriotischer Sherry, Ouzo oder Brandy, *fílfar* oder *commandaría* sind bei uns kaum erhältlich und versetzen in Urlaubsstimmung. Beim Genuss von Thymianhonig, eingelegten Früchten, dem Schafskäse *hallúmi* oder den Geleefrüchten ähnelnden *lukúmia* aus Geroskípou und Páno Léfkara leben Urlaubserlebnisse wieder auf. Schmackhafte Mitbringsel sind auch zypriotische Erd- und Pekannüsse, die Sie am besten auf den Märkten oder an Ständen im Tróodos-Gebirge kaufen. Dort bekommen Sie auch Gläser mit in Zuckerwasser eingelegten Früchten wie Bergamotte, Quitten und grün geernteten, im Glas schwarz gewordenen Walnüssen. Achten Sie aber unbedingt darauf, dass die Gläser gut verschlossen und nicht klebrig sind!

## KUNSTHANDWERK

Kleine Webteppiche und bunte Stickereien gibt es vielerorts. Töpferwaren werden in beiden Teilen Zyperns in großer Menge produziert. Mehrere Töpfereien säumen die alte Küstenstraße am Ortsende von Geroskípou in Richtung Osten. Schöne Körbe stellt man in Geroskípou und Liopétri her. Besonders preisgünstig gibt es sie in den Markthallen der Städte. Gut als originelle Schirmständer geeignet sind dabei die länglichen Körbe, in denen Vogelfänger ihre Leimruten mit sich führten. Holzstühle mit geflochtenen Sitzflächen können Sie bei den Handwerkern im Bergdorf Phíni in Auftrag geben.

## Hallúmi, Ikonen und die Kunst des hohlen Saumes: Setzen Sie beim Souvenirkauf auf Klasse und zyprisches Handwerk

### LEDERWAREN

Preiswert sind Schuhe, Lederartikel und Textilien, die auf Zypern selbst hergestellt werden. Wer sie kauft, sollte allerdings ein wenig Warenkenntnis besitzen und ihre Qualität beurteilen können, da es sich manchmal um minderwertige Billigware handelt. Oft sind vergleichbare Artikel im Norden preiswerter als im Süden. Insbesondere in der Altstadt von Limassol können Sie sich in mehreren Fachgeschäften auch Schuhe nach Maß anfertigen lassen. Maßschneidereien für Herren gibt es in allen südzyprischen Städten.

### MODE

Zyprische Designerinnen, die im Ausland Karriere machten, sind Sía Dimitriádi, Joánna Loúca, Ioánna Kourbéla, Élena Pávlou und Dóra Schabel. Ihre Damenmode ist in so manch guter Boutique auf der Insel zu finden.

### MUSEUMSREPLIKEN

Zertifizierte Repliken schöner Museumsobjekte sind auf Zypern noch nicht als Verkaufshit entdeckt worden. Nur selten sind einige wenige Exemplare im Museumsshop des Cyprus-Museums in Nicosia oder in der Pierides-Sammlung in Lárnaka erhältlich. Die beste Auswahl bietet noch die *Triskélion Pottery* im Dorf Neo Chorió bei Pólis (*Mo–Fr 10.30–17, Sa 10–13 Uhr | www.triskelionpottery.com*).

### VOLKSKUNST

Beliebte Souvenirs sind Produkte der Volkskunst. Hohlsaumstickereien werden schon seit Jahrhunderten im Dorf Páno Léfkara hergestellt. Sie zieren Tischdecken, Servietten, Blusen und Taschentücher. Diese echten Lefkarítika sind teuer; die auch in Páno Léfkara angebotene Billigware stammt aus Fernost. Filigranarbeiten aus Silber werden ebenfalls in Páno Léfkara, aber auch anderswo gefertigt.

# DIE PERFEKTE ROUTE

## VOM STRAND IN DIE GETEILTE HAUPTSTADT

Nach einem erholsamen Tag am Strand und in der Altstadt von ① *Lárnaka* → S. 37 fahren Sie mit dem Service-Taxi in Ihr Hotel in der geteilten Inselhauptstadt ② *Nicosia* → S. 52 mit vielen Museen, historischen Baudenkmälern und guten Tavernen.

## IM TÜRKISCHEN INSELNORDEN

Zu Fuß geht es auf der Hauptstraße der Altstadt, der Lídra Street, über die Grenze in den türkisch-zyprischen Teil. Dort nehmen Sie sich ein Taxi nach ③ *Girne/Kerýneia* → S. 93. Bummeln Sie ausgiebig durch die Altstadt, genießen Sie den von Fischtavernen und Cafés gesäumten Hafen und buchen Sie dann einen Mietwagen für die nächsten beiden Tage. Mit ihm fahren Sie hinauf zur mittelalterlichen ④ *Festung St. Hilárion* → S. 97 und zum gotischen ⑤ *Kloster Bellapais* → S. 95 (Foto li.). Am nächsten Tag unternehmen Sie einen langen Ausflug quer durch das alpin anmutende Kerýneia-Gebirge zur einst sagenhaft reichen Stadt ⑥ *Famagusta* → S. 87 und zu den weitläufigen Ausgrabungen von ⑦ *Sálamis* → S. 92, wo Sie auch hervorragend baden können.

## NACHTS IN NICOSIA

Nach einer weiteren Nacht in Kerýneia kehren Sie mit dem Taxi zum Checkpoint in ② *Nicosia* → S. 52 oder direkt zu Ihrem Hotel dort zurück und bleiben noch einmal für eine Nacht auf der griechisch-zyprischen Seite der Hauptstadt. Jetzt können Sie nach Herzenslust einkaufen, denn am nächsten Morgen übernehmen Sie Ihren Mietwagen für den gesamten zweiten Teil der Reise.

## KIRCHEN UND KLÖSTER IM TRÓODOS-GEBIRGE

Ein erster Abstecher in die Ausläufer des Tróodos-Gebirges führt Sie zu der prächtig ausgemalten Scheunendachkirche von ⑧ *Asinoú* → S. 61, die zum Unesco-Weltkulturerbe zählt. Anschließend geht es dann durch einsame Berglandschaften zum berühmten ⑨ *Kýkko-Kloster* → S. 80. Sie übernachten ganz in der Nähe, in ⑩ *Pedoulás* → S. 82, einem stillen, sehr typischen Bergdorf. Auf Straßen fernab vom Massentourismus geht es kurvenreich durch dichte Wälder bis an die Nordküste, Ihr Ziel ist nun die legere Kleinstadt ⑪ *Pólis* → S. 74 mit vielen guten Stränden (Foto re.).

# Erleben Sie die vielfältigen Facetten Zyperns vom Norden in den Süden, durch die geteilte Hauptstadt und zwei großartige Gebirge

## AUF APHRODITES SPUREN

In ⑫ *Páfos* → S. 64 mit seinen vielen Sehenswürdigkeiten bleiben Sie am besten für zwei Nächte, bevor es über ⑬ *Koúklia* → S. 73 mit seinem Aphrodite-Heiligtum und dem Felsen der Aphrodite nach ⑭ *Pissoúri* → S. 51 weitergeht, wo Sie zur Übernachtung die Wahl zwischen Bergdorf und Strandsiedlung haben.

## ERST ANTIKES, DANN DIE BERGE

Die Besichtigung der ausgedehnten Ausgrabungen von ⑮ *Koúrion* → S. 50 erfordert einen halben Tag, sodass sie genügend Zeit haben werden, sich am Nachmittag die Großstadt ⑯ *Limassol* → S. 44 direkt am Meer anzuschauen und ihr reiches Nachtleben zu genießen. Am nächsten Tag führt Sie ein Abstecher noch einmal hinauf ins Tróodos-Gebirge. ⑰ *Ómodos* → S. 82 mit seinem idyllischen Kloster und einem der schönsten Dorfplätze der Insel sowie die Sommerfrische ⑱ *Páno Plátres* → S. 82 dicht unterhalb des zyprischen Olymp sind Ihre Ziele.

## SCHÖNER SHOPPEN

Auf der Fahrt zurück nach Lárnaka führen Sie die Ausgrabungen von ⑲ *Choirokoitía* → S. 41 ganz weit in die zyprische Geschichte zurück. Danach dürfen Sie sich im fotogenen Bergdorf ⑳ *Páno Léfkara* → S. 42 dem Souvenir-Shopping widmen und anschließend die Schönheit der zyprischen Landschaft genießen.

**800 km. Reine Fahrzeit 16 Stunden.**
**Empfohlene Reisedauer: 2 Wochen.**
**Detaillierter Routenverlauf auf dem hinteren Umschlag, im Reiseatlas sowie in der Faltkarte**

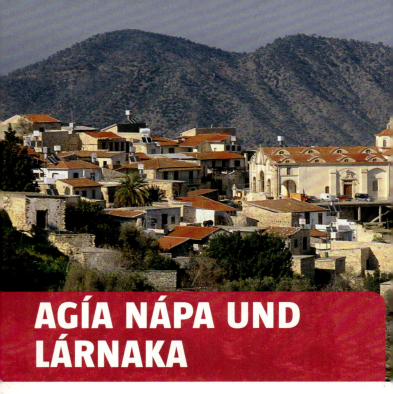

# AGÍA NÁPA UND LÁRNAKA

**Endlich Strand! Nirgends sonst in Süd-zypern sind die Sandbänder länger und breiter als bei Agía Nápa und Paralímni-Protarás im äußersten Südosten der Insel. Über weißem Sand schimmert das Wasser in der flachen Níssi Bay in allen nur erdenklichen Blau- und Türkistönen, am Beach gleich östlich vom geschäftigen Bootshafen Agía Nápas sind sogar niedrige Dünen aufgeweht.**

Alles in dieser Region Zyperns ist auf Ferien eingestellt – die Urlaubsorte sind hochmodern, die Landwirtschaft ist ins Hinterland verdrängt. Die Region ist flach und ideal für Fahrradtouren, preisgünstige Linienbusse verbinden die Küstenorte untereinander. Boote pendeln an den Küsten hin und her, Wanderwege sind gut markiert und die Wassersportange-bote reichen hier vom Fallschirmgleiten bis zum Wracktauchen. Wer vor allem Badeurlaub machen will, ist um Agía Nápa und Paralímni-Protarás bestens aufgehoben – aber auch am weitesten von allen Sehenswürdigkeiten der Insel entfernt.

In Lárnaka hingegen tauchen Sie ins Leben der Einheimischen ein. Der breite Stadtstrand erstreckt sich unmittelbar vor der geschäftigen Altstadt, Autobahnen bringen Sie in einer knappen Stunde in die beiden größten Städte der Insel, Nicosia und Limassol. In schlichten Kaffee-häusern sitzen Sie unter zypriotischen Rentnern und Geschäftsleuten, in den schicken Bars an der Uferpromenade er-leben Sie, wie die zyprische Jugend ihre Abende verbringt.

Bild: Dorfansicht von Páno Léfkara

Zwischen Strand und Hügeln: Ferientrubel gibt den Takt in den großen Küstenorten an, Landwirtschaft prägt die Region dazwischen

# AGÍA NÁPA

(139 E4) (🗺 L–M7) **Agía Nápa (2500 Ew.) ist eine Küstenstadt aus der Retorte, der Sie ihre Jugend auf Schritt und Tritt anmerken. Aber den Planern ist es dennoch gelungen, landschaftszerstörende und bombastische Bauten zu vermeiden.**

Alt ist in Agía Nápa einzig das mittelalterliche Kloster, um das herum das neue Ortszentrum entstanden ist. Ein ausgesprochenes Bilderbuchidyll finden Sie am Fischerhafen. Zwischen Mitte April und Ende Oktober ist Agía Nápa vor allem ein Treffpunkt jüngerer Urlauber, die das intensive Nachtleben in der Stadt mindestens ebenso schätzen wie die schönen Strände und die vielen Wassersportmöglichkeiten. Im Winter hingegen fühlen sich hier nur Ruhesuchende wohl: Die meisten Diskotheken und Bars sind dann geschlossen; viele Restaurants öffnen in der kühleren Jahreszeit nur am Wochenende.

Alt ist in Agía Napa nur das Kloster mit schönem Brunnenhaus

särgen beigesetzt waren. Ihren besonderen Reiz selbst für Archäologie-Muffel bezieht die archäologische Stätte aus ihrer Lage direkt am Meer. *Frei zugänglich*

### KLOSTER AGÍA NÁPA

Vom lauschigen Innenhof des um 1530 gegründeten Klosters mit Brunnenhaus und antikem Wasserspeier in Form eines Eberkopfes führen Stufen hinab in die Höhlenkirche des Konvents. Vor dem Südtor des Klosters steht ein über 400 Jahre alter Maulbeerfeigenbaum. *Im Zentrum, an der Hauptstraße zum Fischerhafen | frei zugänglich*

### THÁLASSA

Hauptattraktion des modernen Meeresmuseums ist der seetüchtige Nachbau eines Frachtenseglers, der vor 2300 Jahren vor der Küste von Kerýneia sank. Auch ein Papyrus-Boot, wie es auf griechischen Inseln noch Anfang des letzten Jahrhunderts in Gebrauch war, ist zu sehen. *Juni–Sept. So 9–13, Mo–Sa 9–13 u. 18–22, Okt.–Mai Mo 9–13, Di–Sa 9–17 Uhr | Eintritt 3 Euro | Krío Neró Avenue 14*

## ESSEN & TRINKEN

### ESPERIA ✴

Gepflegte Taverne mit großer Terrasse am Fischerhafen; schöner Blick auf Kap Gréko. Gute Auswahl, auch an frischem Fisch. *Tgl. ab 12 Uhr | Archiepieskopou Makariou III 46 | €€€*

### INSIDER TIPP NÁPA ●

Eine der ersten Tavernen im Ort, schon 1976 gegründet. Große Auswahl auch an zypriotischen Spezialitäten. Angebote für Vegetarier. Die Wände ersetzen hier das Gästebuch: Auf ihnen haben sich Generationen zufriedener Kunden verewigt. *Tgl. ab 16 Uhr | Odós Dimokratías 15 | oberhalb des Klosters | €€*

## SEHENSWERTES

### HELLENISTISCHE GRÄBER

Auf der Halbinsel Makrónissos westlich des Zentrums wurden in hellenistisch-römischer Zeit 19 Gräber in den Fels gehauen. Stufen führen hinunter in die Grabkammern, in denen die Toten in Ton-

## SPORT & STRÄNDE

Strände finden Sie nicht nur in Agía Nápa selbst, sondern auch entlang der Küste im Westen, Osten und Norden der Ortschaft. Per Fahrrad, Moped oder Mietwagen sind Sie schnell dort, zu einigen Stränden fahren auch Ausflugsboote. An allen größeren Stränden können Sie surfen, Fallschirm gleiten, Wasserski und Tretboot fahren. Außerdem gibt es mehrere Tauchschulen.

## AM ABEND

### BED ROCK INN

Der Club lohnt auch für Disko-Verweigerer und sogar für Familien den Besuch, denn in dieser Open-Air-Bar ist alles auf Steinzeit getrimmt. Fred und Wilma Feuerstein sind allgegenwärtig, der Barmann trägt ein Leopardenfell, der DJ sitzt im Urvogel-Ei. *Tgl. ab 19 Uhr | Odós Loúka Loúka | www.bedrockinn.com*

### LUNA PARK

Vergnügungspark mit Kinderkarussells, Autoskooter, Riesenrad, Gokartbahn, Minigolf, Slingshot und Trampolin. *Tgl. ab 12 Uhr | Níssi Avenue/Ecke Makários III. Avenue*

### ROCK GARDEN

Die Open-Air-Disko wird von ihren Besitzern als „The official Mad House" bezeichnet, also als das offizielle Irrenhaus der Insel. Gespielt werden Indie, Alternative, Classic und Progressive Rock. *Tgl. ab 18 Uhr | Agías Mávris Street 2*

## ÜBERNACHTEN

### ELIGÓNIA

Geräumige Apartments nahe dem Kloster, kleiner Pool im winzigen Garten. Stammgäste schätzen die absolut zentrale Lage nahe dem Nightlife-Viertel, viele Skandinavier überwintern hier auch. *22 Zi. | Krío Neró Avenue 1 | Tel. 23 81 92 92 | www.eligonia.com | €*

### GRECIAN PARK

Fünfsternehotel auf einem Kap zwischen dem Nationalpark Kap Gréco und Protarás. Pool, Hallenbad, Strand an der Kónnos Bay ca. 100 Höhenmeter unterhalb des Hotels. Gute Spaziermöglichkeiten in der Nähe. Am Strand liegt eine der besten Wassersportstationen Zyperns. *245 Zi. | Kónnos Street 81 | Tel. 23 83 20 00 | www.grecianpark.com | €€€*

### KÉRMIA BEACH

Bungalowanlage, sehr ruhig gelegen, 4 km östlich von Agía Nápa, mit kinderfreundlichem Strand. Großer Pool direkt am Strand, Mountainbike-Verleih. Tagsüber gute Linienbusverbindungen mit Agía Nápa und Protarás. *154 Zi. | Kávo Gkreko Avenue 74 | Tel. 23 72 14 01 | www.kermiahotels.com.cy | €€€*

⭐ **Choirokoitía**
Schon vor 8000 Jahren lebten in diesem Steinzeitdorf Menschen → S.41

⭐ **Halan Sultan Tekke**
Orientalisches Flair am Salzsee von Lárnaka → S. 41

⭐ **Panagía Angeloktístos**
In Kíti gibt es ein Mosaik wie in Ravenna → S. 41

⭐ **Kloster Stavrovoúni**
Zu Zyperns ältestem Kloster haben nur Männer Zutritt → S. 42

**MARCO POLO HIGHLIGHTS**

# AGÍA NÁPA

## AUSKUNFT

**CYPRUS TOURISM ORGANIZATION**
*Krío Neró Avenue 12 | in Klosternähe | Tel. 23 72 17 96*

## ZIELE IN DER UMGEBUNG

### AGÍA THÉKLA (139 E4) (*L7*)
Oberhalb des gleichnamigen Strands 7 km westlich von Agía Nápa steht die kleine, moderne *Kapelle der hl. Thékla*. 10 m entfernt markiert ein weißes Kreuz den Eingang zu einer uralten *Höhlenkirche* in einem Felsgrab aus hellenistisch-römischer Zeit. *Frei zugänglich*

### DERÍNIA (DERÝNEIA)
(139 E3) (*L6*)
Das große Dorf, 10 km nordwestlich, reicht fast direkt an die Demarkationslinie heran, die Nord- von Südzypern trennt. Im gut ausgeschilderten *Cultural Centre of occupied Ammóchostos* können Sie englischsprachige Filme über Famagusta und den Zypern-Konflikt aus griechisch-zypriotischer Sicht anschauen. Mit bereitliegenden Ferngläsern blicken Sie nach Famagusta und in die seit 1974 völlig leer stehende Hotelstadt *Varósha (Mo–Fr 7.30–16.30, Sa 9.30–16.30 Uhr)*. Sehenswert ist auch das kleine *Derýneia Folkloric Museum* im Ortszentrum *(Mo–Sa tagsüber geöffnet | Eintritt 1,70 Euro)*, das zeigt, wie ein Bauernhaus vor 1960 eingerichtet war. Gute zypriotische Küche im Ambiente eines alten Bauernhauses bietet die *Taverne Fernági* im Ortszentrum *(Mo–Sa ab 18 Uhr | Athinón Street 2 | €)*.

### KAP GRÉKO (AKROTÍRIO GKRÉKO)
(139 F4) (*M7*)
Die Südostspitze der Insel kann wegen militärischer Anlagen auf dem Kap zwar nicht betreten werden, doch ist die 8 km lange Fahrt dorthin schön. Es gibt mehrere Möglichkeiten für Abstecher zu Felsbuchten und Sandstränden. Sechs Wanderwege sind auf der Halbinsel markiert, Broschüren dazu gibt's bei der Tourist-Information.

### NORDZYPERN
Der nächstgelegene Übergang *(Checkpoint)* nach Nordzypern war bei Redaktionsschluss der Übergang *Ágios Nikólaos* (139 D3) (*L5*) 3,5 km südwestlich von Famagusta. Er hat keinen Linienbusanschluss. Auf griechisch-zypriotischer Seite können Sie bei der Rückkehr im Kafenío gleich hinter dem britischen Militärposten ein Taxi rufen. Auf türkisch-zypriotischer Seite werden Sie leicht als Anhalter mitgenommen. Mit Rädern und Mietfahrzeugen ist der Übergang problemlos zu passieren.

### PARALÍMNI-PROTARÁS
(139 E–F 3–4) (*L–M6*)
Die Hotelviertel von Protarás und *Pernéra* sowie einige weitere Hotels weiter nördlich gehören zum großen Binnendorf Paralímni, 5 km im Norden von Agía, dessen drei Kirchen auf dem Dorfplatz einen Blick wert sind. Das moderne *Café Senso (tgl. ab 10 Uhr | €€)* am Rand des Platzes ist ein trendiger Szene-Treff für Zyprioten. Wraps und Nachos stehen hier ebenso auf der Karte wie edler Champagner für bis zu 1000 Euro pro Flasche. Entlang der Küste reihen sich zahlreiche Sandstrandbuchten aneinander; an vielen werden Wassersportmöglichkeiten geboten.
Den schönsten Blick über die Region haben Sie von der modernen, auf einem markanten niedrigen Fels stehenden Kapelle *Profítis Ilías* am Westrand von Protarás aus. Gleich neben der Kapelle stehen vier Wunschbäume. Früher knoteten Gläubige Tücher zur Unterstützung ihrer Gebete an solche Bäume. Heu-

te befestigen Touristen auch Turnschuhe und BHs daran.

Tavernen, Bars und Diskotheken konzentrieren sich auf die verkehrsberuhigte Hotel Road in Protarás. Dort liegt auch *Magic Dancing Waters,* wo dank 18 000 Düsen, 480 Scheinwerfern und viel Musik eine grandiose Wasser- und Fontänenshow präsentiert wird *(tgl. 21 Uhr | Eintritt 16 Euro).* Unmittelbar an der Umgehungsstraße an der Ampelkreuzung auf Höhe der dank ihres ägyptischen Dekors nicht zu übersehenden *Sfinx-Bar* überraschen zwei kleine *Galerien* mit der einzigartigen **INSIDER TIPP** Kollektion von Zinn-, Silber- und Edelstahlobjekten der südafrikanischen Designerin Carrol Boyes *(www.carrolboyesshop.com)* und mit Porzellanfiguren der spanischen Manufaktur *Lladró (www.lladro.com).*

**INSIDER TIPP** **PÓTAMOS TOU LIOPETRÍOU** (139 E4) *(Ⓜ L7)*

Der Flusshafen, 12 km im Westen Agía Nápas, gilt als ursprünglichster Fischerhafen Zyperns. Hunderte von kleinen Booten sind hier vertäut; am Ufer haben Sie die Wahl zwischen zwei einfachen Fischtavernen.

# LÁRNAKA

**(138 B5)** *(Ⓜ J7)* **Eine knappe Busstunde von Agía Nápa entfernt liegt das größere Lárnaka (72 000 Ew.).**

Hinter einem ausgedehnten Sandstrand pulsiert zypriotisches Leben in der Altstadt, deren Geschäfte vor allem die Bedürfnisse der Einheimischen stillen wollen. Um sie herum liegt ein Gürtel von zumeist in den letzten 25 Jahren entstandenen Wohn- und Geschäftshäusern. Im Westen des Fischerhafens und im Osten des Erdölhafens beginnen weitere, kilometerlange Sandstrände, die ebenfalls von Hotels gesäumt sind.

Von der antiken Stadt Kíti, die von der frühen Bronzezeit bis in frühchristliche Zeit an der Stelle des heutigen Lárnaka

Immer schön am Meer entlang: Lárnakas lange, palmengesäumte Promenade

Prächtige Ikonostase mit sehenswerten Schnitzarbeiten in der Lazarus-Kirche

stand, ist nur noch wenig zu sehen. Im Mittelalter war die Stadt v. a. wegen ihres Salzsees und ihres Hafens bedeutend.

## SEHENSWERTES

### ALT-KÍTI
An der Ausgrabungsstelle im Nordosten sind eine Stadtmauer, die Grundmauern von Tempeln und Kupferwerkstätten zu erkennen. *Mo–Mi, Fr 8–14.30, Do 8–17 Uhr | Eintritt 2 Euro | Makherás Street*

### ARCHÄOLOGISCHES BEZIRKSMUSEUM
Ausgestellt sind Funde aus Lárnaka, Choirokoitía und aus den Dörfern Pýla und Ársos, wo es in der Antike ein Aphrodite-Heiligtum gab. *Di–Fr 8–15 (Do bis 17), Sa 9–15 Uhr | Eintritt 2 Euro | Kalógreon Square*

### FORT
Die Festung am westlichen Ende der Uferpromenade entstand 1625. Im fo-togenen Innenhof sind alte Steinanker, Kanonen und Kanonenkugeln zu sehen, außerdem Funde von Ausgrabungen in der Nähe. *Mo–Fr 9–19.30 Uhr (Sept.–Mai bis 17 Uhr) | Eintritt 2 Euro | Ánkara Street, Uferpromenade*

### LAZARUS-KIRCHE
Der mittelalterliche Name der Stadt Lárnaka leitet sich vom griechischen Wort für Sarkophag, dem Wort Larnax, ab. Sarkophage hat man in Lárnaka in großer Zahl gefunden. Einer davon, im 9. Jh. entdeckt, trug die Aufschrift „Lazarus, der Freund Christi". Für die Menschen damals stand fest, dass es sich um jenen Mann handeln musste, den Christus von den Toten erweckt hatte. Die Krypta, in der Lazarus beigesetzt war, ist unter dem Altarraum noch heute zu sehen.
Bemerkenswert sind die Schnitzarbeiten an der Ikonostase. Das kleine *Kirchenmuseum* in der Nordwestecke des Kirchhofs zeigt einige schöne Ikonen und liturgi-

sches Gerät. *Mo–Fr 8.30–12.30, außer Mi auch 15–17.30 Uhr | Eintritt Museum 1 Euro | Ágios Lázaros Street*

### PIERIDES-SAMMLUNG
Bemerkenswerte Privatsammlung in einer Privatvilla aus dem 19. Jh. Zu sehen ist vor allem hervorragende Keramik von der Kammstrichware der Jungsteinzeit bis hin zu mittelalterlichen Exponaten. Faszinierend sind die Gefäße im zweifarbigen Freifeldstil aus dem 7. Jh. v. Chr. *Mo–Do 9–16 Uhr, Fr und Sa 9–13 Uhr | Eintritt 2 Euro | Zénon Kitieus Street 4*

### TÜRKENVIERTEL
Das einstige Türkenviertel liegt unmittelbar westlich des Forts, wo auch die bedeutendste Moschee der Stadt steht, heute von Arabern genutzt. Ein Gang durch das Viertel mit seinen alten Häusern lässt die Atmosphäre des alten Zypern erahnen.

## ESSEN & TRINKEN

### INSIDER TIPP ART CAFÉ 1900
Das schöne Künstlercafé und Bistro in den Räumen eines alten Stadthauses hat wechselnde Tagesgerichte auf der Karte. Serviert werden außer zypriotischen Spezialitäten orientalische Kuchen und gutes Eis. Im Erdgeschoss des Gebäudes befindet sich eine gepflegte Bar mit über 100 Whiskysorten. *Mi–Mo 18–24 Uhr | Stasinoú Street 6, nahe Tourist Information | www.artcafe1900.com.cy | €*

### MOTI MAHAL ●
Ganz auf Indien gestylt, hat dieses Bar-Café-Restaurant einen Hauch von Goa nach Zypern gebracht. Ob bei exotischen Cocktails, scharfen Currys oder einer Wasserpfeife, ob vom Stuhl oder aus dem Schneidersitz auf weißen Kissen, immer fällt der Blick zwischen Palmen hindurch aufs Meer, erklingen dazu griechische und weltentrückende Klänge. *Tgl. ab 12 Uhr | Athinón Street 100 | €€*

### THE BREWERY
Crossoverküche in lockerem Ambiente. Das Bier (auch Weizen) stammt aus der eigenen Minibrauerei im Lokal. *Tgl. ab 9 Uhr | Athinón Street 77 | €€*

## EINKAUFEN

### THEO MICHAEL ●
Der gut deutsch sprechende zyprische Künstler Theo Michael heißt jederzeit Gäste in seinem Studio in der Altstadt willkommen. Sie können ihm einfach nur bei der Arbeit zuschauen, seine Werke betrachten, bei ihm Unterricht nehmen oder sich von ihm in verschiedenen Techniken porträtieren lassen – als Bleistiftzeichnung etwa schon ab 65 Euro. *Zinónos Kitiéos Street 118 | Terminvereinbarungen Tel. 24 64 88 13*

### STAATLICHES KUNSTHANDWERKS-ZENTRUM
Hier gibt es einen Überblick über die Arbeiten einheimischer Kunsthandwerker. *Kosmá Lyssiótis Street 6*

## SPORT & STRÄNDE
Wer nicht am feinsandigen, aber oft vollen Stadtstrand baden möchte, kann vom Busbahnhof der Firma Makris am Demokratias Square halbstündlich zu den langen, aber schmaleren Sandstränden westlich und östlich der Stadt fahren. Dort gibt es vor den Hotels auch Wassersportmöglichkeiten aller Art.

## AM ABEND

### BLACK TURTLE TAVERN
Die Taverne residiert im ersten Stock eines alten Hauses in der Nähe der

Lazarus-Kirche. *Tgl. ab 20 Uhr | Fr und Sa Livemusik ab 21.30 Uhr | Méhmet Alí Street 11 | €*

### CLUB TOPAZ
Mainstream, Funk, Deep House und griechische Hits. *Mi–So ab 22 Uhr | Athinón Avenue 30*

## ÜBERNACHTEN

### LIVADHIÓTIS CITY
Das Apartmenthaus steht nahe der Lázarus-Kirche und bietet komplett renovierte Studios für bis zu vier Personen. *Nik. Rossos Street 50 | Tel. 24 62 62 22 | www. livadhiotis.com | €*

### PALM BEACH
Dieses komfortable Strandhotel wurde etwa 5 km östlich der Stadt Lárnaka gebaut. Es verfügt über Pool und Hallenbad, außerdem zwei Tennisplätze sowie über ein Wassersport- und Tauchzentrum. Die Haltestelle für die Linienbusse nach Lárnaka und Agía Nápa liegt auch gleich vor der Tür. *228 Zi. | Dekeleia Road Oroklini | Tel. 24 84 66 00 | www. palmbeachhotel.com | €€€*

### SUN HALL
Dieses ist das wohl beste Innenstadthotel Lárnakas, direkt an der palmengesäumten Uferpromenade gegenüber von Strand und Marina gelegen. Es gibt einen beheizbaren Pool, Fitnessraum, Sauna und Massage. *112 Zi. | Athinón Avenue 6 | Tel. 24 65 33 41 | www. aquasolhotels.com.cy | €€€*

## AUSKUNFT

### CYPRUS TOURISM ORGANIZATION
*Lárnaka Airport | Tel. 24 00 83 68 | tgl. 8.15–23 Uhr*
*Vasiléos Pavloú Square | Tel. 24 65 43 22 | Mo–Sa 8.15–13.30, Mo, Di, Do, Fr auch 15–18.15 Uhr*

Im Steinzeitdorf Choirokoitía lebten schon vor 8000 Jahren Menschen

**ZIELE IN DER UMGEBUNG**

### CHOIROKOITÍA (KHIROKITIA) ⭐
(137 E3) (*m* G8)

Die besterhaltene der rund 50 für die Jungsteinzeit nachweisbaren Siedlungen auf Zypern, etwa 30 km südwestlich von Lárnaka entfernt, versetzt einen in großes Erstaunen. Dass hier schon vor 8000 Jahren Menschen in einem Dorf aus Steinhäusern lebten, ist für Mitteleuropäer eine Überraschung, Vergleichbares ist in Westeuropa nicht zu finden. Gegen Feinde war das Dorf durch eine Stadtmauer geschützt. Auf den Hügel führt ein Pfad. Gegenüber sind Reste der Stadtmauer gut zu erkennen. Die Rundhütten, von denen einige rekonstruiert wurden, standen eng aneinander. Die 1000 Dorfbewohner scheinen eine familienähnliche Gemeinschaft gebildet zu haben. Die größte Hütte hatte einen Durchmesser von fast 10 m. Die Mauern waren bis zu 3 m dick. In einigen der größeren Hütten weisen steinerne Pfeiler auf ein hölzernes Zwischengeschoss hin. Zum Bau der Häuser nutzte man unbehauene Steine, Stampferde und ungebrannte Lehmziegel. *Tgl. 8–17 (Juni –Aug. tgl. 8–19.30 Uhr) | Eintritt 2 Euro*

### FATSÁ WAX MUSEUM (137 E3) (*m* G8)
Am unteren Ortseingang von Skarínou, 29 km von Lárnaka, widmet sich das sehr modern gestaltete Museum als lehrreiches Wachsfigurenkabinett vor allem der jüngeren zypriotischen Geschichte. *Tgl. 9–17.30 (Mai–Okt. tgl. 9–19 Uhr) | Eintritt 7 Euro*

### HALAN SULTAN TEKKE ⭐
(138 B5) (*m* J7)

Am Salzsee von Lárnaka steht das einst wichtigste islamische Heiligtum, heute das beliebteste Fotomotiv der Insel. Als die Araber 647 Zypern erstmals überfielen, war auch eine edle Frau dabei, die den Propheten Mohammed gut gekannt hatte. An der Stelle, an der heute die Moschee steht, stürzte sie vom Maultier und starb. Ihr Grab wurde später zu einer Wallfahrtsstätte, an die sich die Moslems noch erinnerten, als die Türken die Insel 1571 eroberten. Aber erst 1816 ließ der türkische Statthalter auf Zypern die Moschee bauen, der später Pilgerunterkünfte angeschlossen wurden.

Die Moschee ist sehr schlicht. Vom Betsaal (er darf nicht mit Schuhen betreten werden!) gelangen Sie in einen Anbau, wo im Halbdunkel jene Grabstätte der verehrten Frau zu finden ist. *Tgl. 8–18 Uhr (Okt.–Mai bis 17) | Eintritt frei*

### KALAVASSÓS-TÉNTA (137 D4) (*m* G8)
36 km südwestlich von Lárnaka liegen unter einem futuristisch anmutenden Schutzdach die Überreste einer über 8500 Jahre alten neolithischen Siedlung. Gute Erklärung auf Englisch. *Mo–Fr 9–16 Uhr | Eintritt 2 Euro*

### KÍTI (138 B5–6) (*m* J8)
Im Zentrum des Dorfs, das 12 km im Süden Lárnakas liegt, steht auf einem schön gemauerten Platz mit Terpentinbäumen die Kirche ⭐ *Panagía Angeloktístos.* Dieser Bau, zusammengesetzt aus einer gotischen Kapelle aus Kreuzritterzeiten und einer byzantinischen Kirche, entstand an der Stelle einer frühchristlichen Basilika. Deren Apsiswölbung war einst mit einem Mosaik von Weltrang geschmückt, das man in den Kirchenneubau des 10. Jhs. mit einbezog. Es zeigt in prächtigen Farben vor goldenem Hintergrund Maria mit dem Christuskind auf dem Arm auf einem mit Edelsteinen besetzten Podest. Von links und rechts schreitet je ein Erzengel heran. *Mo–Sa 8–12 und 14–16, So 9.30–12 und 14–16 Uhr | Eintritt frei*

5 km südöstlich von Kíti steht am Kap Kíti ein kleiner, schöner Leuchtturm aus der britischen Kolonialzeit. Östlich davon liegt ein besonders schöner Sandstrand unterhalb der niedrigen Steilküste, der sich – wenig besucht – als schmaleres Band am Flughafen vorbei bis fast nach Lárnaka entlang zieht.

Nach der Feng-Shui-Lehre konzipiert wurde die moderne Lifestyle-Herberge ● ♿ INSIDER TIPP *Hotel E.* Das E steht für Eco: Natürliche Baustoffe dominieren, Umweltschutz wird bis ins Detail betrieben, im großzügigen Spa kommen ausschließlich Naturprodukte zur Anwendung *(52 Zi. | Fáros Road 1 | Tel. 24 74 70 00 | www.hotel-e.com | €€€)*. Das exklusive Hotelrestaurant *Franke* ließ sich vom Berliner Spitzenrestaurant *Franke Brasserie* im dortigen Hotel Excelsior inspirieren.

### KLOSTER ÁGIOS MINÁS
(137 D3) (*ഥ G8*)

Das Nonnenkloster in einem von Hügeln umschlossenen Hochtal, 45 km westlich, hat festungsartigen Charakter. In der Klosterkirche aus dem 18. Jh. hängen überwiegend neue Ikonen, die von den Nonnen hier selbst gemalt wurden. *Tgl. 8–12 und 15–19 Uhr | Frauen müssen Röcke tragen! | Eintritt frei*

### KLOSTER STAVROVOÚNI ★
(137 E2) (*ഥ H7*)

Zyperns ältestes Kloster steht 34 km nordwestlich von Lárnaka auf einem markanten Bergkegel, der 768 m hoch aus der Küstenebene aufragt. Bis fast auf den Gipfel hinauf führt eine ☼ serpentinenreiche Asphaltstraße, die grandiose Ausblicke auf die Berge und das Meer eröffnet. Die heutigen Gebäude stammen aus dem 17./18. Jh. Ein Splitter des Kreuzes Christi soll in ein silberbeschlagenes Kreuz eingearbeitet sein, das außen rechts an der Ikonostase hängt. *Tgl. 8–12 und 15–18 (Sept.–März 14–17 Uhr) | Frauen haben keinen Zutritt!*

### NORDZYPERN

Für Tagesausflüge nach Kerýneia benutzen Sie am besten die Übergänge in Nicosia *(S. 61)*. Für einen Tagesausflug nach Famagusta und auf die Karpass-Halbinsel können Sie mit dem Mietwagen oder mit dem Taxi den Übergang *(Checkpoint)* nordöstlich von Pýla (138 C4) (*ഥ K6*) benutzen.

### PÁNO LÉFKARA (137 D3) (*ഥ G7*)

Das große Dorf in den Ausläufern des Tróodos-Gebirges, 38 km im Nordwesten Lárnakas, ist die Heimat der als *lef-*

Mädels, spart Euch den Aufstieg! Frauen müssen draußen bleiben: Kloster Stavrovoúni

*karítika* bekannten Hohlsaumstickereien. Sie werden ebenso wie Silberschmuck in Geschäften im Ort verkauft.

### PÝLA ● (138 C4) (⌖ K6)

Dieses große Dorf liegt in der von der UN verwalteten Pufferzone, also im Niemandsland zwischen Nord- und Südzypern, 9 km nordöstlich von Lárnaka. Moschee und Kirche erfüllen hier nebeneinander ihre Funktion, vor öffentlichen Gebäuden weht teils die griechische, teils die türkische Flagge. Am Dorfplatz wird Ihnen in der Taverne südzyprisches Bier serviert, im Kaffeehaus gibt es türkisches. Fisch und Fleisch holen sich die Wirte dort, wo es jeweils gerade am preiswertesten ist.

### SALZSEE (138 B5) (⌖ J7)

Der Salzsee von Lárnaka, in dessen flachem Wasser im Winter meist Flamingos stehen, ist im Sommer trocken. Durch den Regen im Winter füllt sich der See dann wieder. *Am Stadtrand von Lárnaka*

### TOCHNÍ (137 D4) (⌖ G8)

Dutzende alter Dörfhäuser 30 km im Südwesten wurden restauriert und dienen jetzt als Ferienhäuser. Pool und exzellentes Restaurant im dazugehörigen kleinen Hotel. Auch die Teilnahme an Mini-Kochkursen und landwirtschaftlichen Aktivitäten ist möglich, angeschlossen sind ein Reitstall und ein Mountainbike-Verleih. *Cyprus Villages | Tel. 24 33 29 98 | www.cyprusvillages.com.cy | €€–€€€*

# LIMASSOL

**CITY** **WOHIN ZUERST?**

**Altstadt:** Kommen Sie per Stadtbus aus den Hotelvierteln, steigen Sie am zentralen Stadtbusbahnhof aus, der nur 150 m von den Markthallen in der Altstadt entfernt ist. Autofahrer finden an der vierspurigen, durch einen Grünstreifen getrennten Uferpromenade tagsüber gebührenpflichtige Parkplätze, auf die Sie allerdings nur aus östlicher Richtung kommend fahren können. An einigen Ampeln bestehen für aus Westen kommende Fahrzeuge Wendemöglichkeiten. Direkt hinter den die Promenade säumenden Gebäuden beginnt die Altstadt.

Limassol (Griechisch: Lemesós) ist eine von Hochhäusern geprägte Großstadt (136 B5) *(ᗰ E–F9)* mit über 160 000 Einwohnern direkt am Meer. Wenn Sie auf der Uferstraße spazieren gehen, haben Sie auf der einen Seite fast immer Dutzende großer Schiffe vor Augen, die auf Reede liegen, auf neue Fracht oder einen Liegeplatz im Hafen warten.

Auf der anderen Seite schirmt eine Kette hoher Geschäftshäuser vor hohen Palmen die weitläufige Altstadt mit ihren vielen Bauten aus der Kolonialzeit vom Verkehr ab. Gerade wird sie aufwendig saniert und soll spätestens 2015 zu einem Schmuckstück Zyperns werden soll. Hier sitzen Sie in den Cafés und Döner-Bars in der Sonne und schauen dem einheimischen Treiben zu, lassen sich

**Ideal für Tagesausflüge: Von der Großstadt aus erreichen Sie ganz bequem viele wichtige Sehenswürdigkeiten in Zyperns Süden**

Maßschuhe fertigen, durchstreifen die Markthalle, gehen abends in traditionelle Musiklokale.

Doch die Altstadt hat heftige Konkurrenz bekommen. Viel Leben spielt sich entlang der breiten Autoboulevards in der Neustadt ab, Hotels und sommerliches Nachtleben ziehen die Menschen ins langgestreckte Hotelviertel östlich des Zentrums, wo Urlauber an künstlich aufgeschütteten, kleinen Stränden baden und sich vor allem an Pools und auf Liegewiesen sonnen.

Für Neugierige ist Limassol ein idealer Standort, denn im Umkreis von einer Autostunde liegen bedeutende historische Stätten und stille Bergdörfer. Selbst bis auf den höchsten Inselgipfel, den Olymp im Tróodos, oder nach Nicosia und Páfos brauchen Sie kaum mehr als 90 Minuten.

### SEHENSWERTES

#### ARCHÄOLOGISCHES BEZIRKSMUSEUM
Im kleinen Museum werden zweitrangige Funde aus dem Gebiet um Limassol

und Amathoús gezeigt. Als Objekte des Alltags sind Schlüssel aus dem 5.–3. Jh. v. Chr. interessant. *Di, Mi, Fr 8–15, Do 8–17, Sa 9–15 Uhr | Eintritt 2 Euro | Cannings/Ecke Byron Street*

### CAROB MILL ●

Im ansehnlich restaurierten, 1937 gebauten Komplex einer großen Johannisbrotmühle sind nicht nur viele schicke Res-

### MUSEUM DES ZYPRIOTISCHEN MITTELALTERS ♒

In der Burg aus dem 14. Jh. sind neben Grabplatten, Rüstungen und Waffen auch Fotos mittelalterlicher Bauten Zyperns ausgestellt. Beeindruckend ist die gotische Halle des Wehrbaus, von der eine Wendeltreppe aufs Dach führt. *Di–Sa 9–17, So 10–13 Uhr | Eintritt 4 Euro | Irinis Street*

Am Governer's Beach herrschen Sonne und Meer über Strand und schneeweiße Klippen

taurants, Cafés und eine Mikrobrauerei untergebracht, sondern auch eine sehr anschauliche Ausstellung zur einstigen Bedeutung der Schoten des Johannisbrotbaums für Zypern. *Tgl. ca. 10–22 Uhr | Vasilissis Street | an der Burg | Johannisbrotausstellung frei*

### KELLEREIEN

Die vier großen Weinkellereien von Limassol, *Keo, Sodap, Etko* und *Loel,* sowie die *Keo-Brauerei* können vormittags besichtigt werden. Termine nennt die Tourist-Information. *Alle Kellereien liegen an der Straße vom Stadtzentrum zum Hafen*

## ESSEN & TRINKEN

### APOLLO GARDEN CAFÉ

Diese grüne, stille Oase voller Nippes liegt versteckt im Zentrum. Preisgünstige Snacks. *Mo–Sa 10–18 Uhr | Iphigenias Street 14D | €*

### BAROLO

Mehrfach für seine guten Weine ausgezeichnetes Feinschmeckerrestaurant, gute Salate, Wild, Kreatives wie Foie Gras in Tresterschnaps. *Mo–Sa ab 19 Uhr | Odós Agíou Andréa 248 | Tel. 25 76 07 67 | €€€*

### INSIDER TIP THE OLD NEIGHBOURHOOD

Kleine, ursprünglich gebliebene Taverne in der Altstadt mit richtig guter Hausmannskost und stets frischem Fisch. Abends wird häufig musiziert. *Mo–Sa ab 17 Uhr | Odós Ángyras (Ankaras) 14 | €*

### INSIDER TIP PANTOPOULÍON

Dieses Restaurant ist in der ehemaligen Fischmarkthalle untergebracht. Mittags gibt es eine große Auswahl auch seltener Spezialitäten, abends exzellentes *mesé.* Große Karte zypriotischer Weine. *Mo–Sa 11.30–15.30 und 19–24 Uhr | Fr und Sa abends griechische Livemusik | zwischen Kanáris und Athens Street | mittags € | abends €€*

## EINKAUFEN

### BEAR FACTORY

Teddybären aus der hauseigenen Manufaktur, auch Anfertigung nach Kundenwünschen. *Kóstas Partassídis Street 34 | Neustadt*

### BOUKLA BOUKLA

Pfiffige junge Frauenmode und Accessoires aus den Ateliers dreier junger griechischer Designer. *Ágios Andréas Street 252 | Altstadt*

### MARKTHALLEN

Die interessantesten des Inselsüdens, 2001 modernisiert. Hier werden neben Fisch, Obst und Gemüse auch Korbwaren und zypriotische Spezialitäten angeboten. *Mo–Fr 6–14.30 (Mi nur bis 13.15), Sa 6–13.30 Uhr | zwischen Kanáris und Athens Street*

### ORPHEUS ART GALLERY

Moderne Malerei und Keramik aus Griechenland und Zypern. *Athens Street 291 | Altstadt*

## SPORT & STRÄNDE

Im Stadtgebiet von Limassol baden nur Einheimische. Vor den Hotels im Westen der Stadt liegen kleine Sandstrände. Schöner sind der lange *Lady Mile Beach* beim Salzsee sowie der breite *Koúrion Beach.* Am reizvollsten ist der INSIDER TIP Governor's Beach (136 D4) (*G9*) mit kleinen Sandstränden vor grünen Liegewiesen und winzigen Sand- oder Kiesflecken unterhalb weißer Kliffs.

## AM ABEND

### INSIDER TIP ELLINÁDIKO

Trendiges Musiklokal vor allem für jüngere Griechen, in dem nicht nach internationaler, sondern nach griechischer Rockmusik getanzt wird. *Fr/Sa ab 23 Uhr | Ifigénias Street 6*

### LEMESIANÉS VRADIÉS

*Mesé*-Restaurant in der Altstadt in den ehemaligen Räumen eines alten Wohnhauses. Musiker ziehen von Tisch zu Tisch und spielen griechische Lieder. Die Mehr-

## MARCO POLO HIGHLIGHTS

⭐ **Fasoúri**
Zypressenallee quer durchs Vitaminparadies → S. 49

⭐ **Burg von Kolóssi**
Festung und Zuckerrohrfabrik zwischen Feldern und Plantagen → S. 49

⭐ **Koúrion**
In Koúrion steht Zyperns einziger Tempel. Und von den Rängen des antiken Theaters blicken Sie auf Bühne und Meer → S. 50

heit der Gäste sind meist Einheimische. *Tgl. ab 19 Uhr | Tel. 25 35 33 78 | Irínis Street 111 | €€€*

## ÜBERNACHTEN

### CURIUM PALACE
Bestes Hotel im Zentrum. Koloniales Flair, stilvoller 1950er-Jahre-Bau. Pool, kleines Hallenbad, Fitness, Spa. *62 Zi. | Byron Street 11 | Tel. 25 89 11 00 | www. curiumpalace.com | €€€*

### H. H. GRAND RESORT
Luxushotel mit einem von Palmen gesäumten Pool, Hallenbad, Wellness- und Fitness-Center, eigener Wassersport- und Tauchstation. Sechs Restaurants stehen zur Auswahl, allabendlich werden Folklore-Shows geboten. *255 Zi. | Old Lefkosía-Lemesós Road | Amathus Area | Tel. 25 63 43 33 | www.grandresort.com. cy | €€€*

### LÓRDOS HOTEL APARTMENTS
Moderne Studios und Apartments für 2–4 Personen in einem viergeschossigen Haus parallel zur Uferstraße, etwa 20 Minuten von der Altstadt und etwa 3 Minuten vom nächsten kleinen Strand entfernt. Teilweise Balkon, Aufpreis für Nutzung der Klimaanlage. *23 Zi. | Andréa Zaímis Street 13 | Tel. 25 58 28 50 | www. lordoshotelapts.com | €*

## AUSKUNFT

### CYPRUS TOURISM ORGANIZATION
*Spýrou Araoúzou Avenue 115 A | Tel. 25 36 27 56; George A' Street 35 | Germasógeia, im Hotelviertel | Tel. 25 32 32 11 | beide Mo–Sa 8.15–13.30, Mo, Di, Do, Fr auch 15–18.15 Uhr*

## ZIELE IN DER UMGEBUNG

### INSIDER TIPP AKROTÍRI
(136 A6) (𝄞 E10)
Das *Akrotíri Environmental Information Centre* an der Hauptstraße (*tgl. 8.30–15 Uhr | Eintritt frei*) 15 km südwestlich Limassols informiert kurz gefasst über die Natur der Umgebung und gibt Tipps zur Vogelbeobachtung. Zwischen November und April können Sie hier vom ☼ Dach aus mit Ferngläsern die Flamingos im Salzsee von Akrotíri beobachten.

### ALT-AMATHOÚS (136 C4) (𝄞 F9)
In der Antike lag auf Teilen der heutigen Hotelstadt, 9 km weiter im Osten, das Stadtkönigreich Amathoús. Ähnlich wie Kíti, das heutige Lárnaka, stand es bis in die Mitte des ersten vorchristlichen

# RUSSEN IN LIMASSOL

Russisch ist in Limassol inzwischen ebenso wichtig geworden wie Englisch. Speisekarten und Hinweisschilder gibt es hier auch in Kyrillisch. Der Rubel rollt kräftig. Limassol ist eine riesige Geldwaschanlage. Viele Russen haben in Zyperns modernster Großstadt ihre Schwarzgelder in neu gegründeten Offshore-Firmen angelegt und investieren das sauber gewordene Geld gleich wieder in den ehemaligen Staaten der Sowjetunion. Das kleine Zypern ist so zumindest auf dem Papier zum bedeutendsten Investor in Russland geworden, noch vor den USA, Holland und Deutschland.

Im Vitamin-C-Paradies: Außer Zitronen wachsen in Fasoúris Plantagen Kiwis, Avocados ...

Jahrtausends unter phönizischem Einfluss. Von der antiken Stadt blieb kaum etwas erhalten. Östlich des Hotels Amathus Beach können Sie auf der linken Straßenseite Reste der Agorá und einer frühchristlichen Basilika besichtigen. *Tgl. 9–17 (Juni–Aug. 9–19.30 Uhr) | Eintritt 1,70 Euro*

### AVDÍMOU (135 E6) (*D9*)

Die beiden völlig unverbauten Strände von Avdímou liegen auf dem Hoheitsgebiet der britischen Militärbasis – etwa 35 km westlich von Limassol. Von der alten Nationalstraße führen Sie Stichstraßen an den etwa 150 m langen Melanda Beach sowie an den INSIDER TIPP Avdímou Beach mit der guten Taverne *Kyrénia (€)*.

### EPISKOPÍ (136 A5) (*E9*)

Das kleine Archäologische Museum in dem großen Dorf rund 12 km westlich von Limassol zeigt in stimmungsvoll-kolonialem Ambiente einige Funde aus Koúrion *(Mo–Fr 8–16, Do bis 17 Uhr | gut ausgeschildert | Eintritt 2 Euro).*

### ERÍMI (136 A5) (*E9*)

Das gut ausgeschilderte, private ● *Cyprus Wine Museum* an der Straße von Limassol nach Episkopí (15 km) erläutert den Weinanbau auf der Insel. Auch Weinverkostung und -verkauf in den angenehmen Räumen *(tgl. 9–17 Uhr, feiertags geschl. | Eintritt inkl. Weinprobe 5 Euro).*

### FASOÚRI ★ (136 A5) (*E9*)

Im Südwesten von Limassol erwartet Sie eine üppige Plantagenlandschaft, durch die eine kilometerlange Zypressenallee führt. Hier gedeihen Zitronen, Orangen, Pampelmusen, Avocados und Kiwis.

### KOLÓSSI ★ (136 A5) (*E9*)

Am Nordwestrand der Plantagen von Fasoúri, etwa 12 km von Limassol, ragt zwischen Zypressen der braune Festungsturm der Burg von Kolóssi auf. Von seinem Dach aus haben Sie einen weiten Blick. Die *Burg von Kolóssi* gehörte dem Kreuzritterorden der Johanniter, der hier bis 1309 seinen Hauptsitz hatte und nach seiner Verlegung nach Rhodos seine Ländereien auf Zypern von Kolóssi

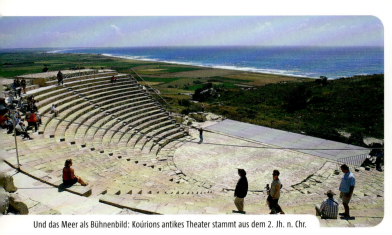

Und das Meer als Bühnenbild: Koúrions antikes Theater stammt aus dem 2. Jh. n. Chr.

aus verwaltete. Hier wurden Zuckerrohr und Trauben angebaut, aus denen man den schweren Südwein *commandaría* produzierte.

Neben einem gewaltigen Macherienbaum, der sich an der Ostseite der Burg befindet, endet ein mittelalterlicher Aquädukt. Das damit herbeigeführte Wasser trieb die Mühlräder an, mit denen das Zuckerrohr ausgepresst wurde. Im benachbarten hallenartigen Bau fand dann die eigentliche Zuckerproduktion statt. *Tgl. 9–17 (Juni–Aug. 8–19.30 Uhr) | Eintritt 2 Euro*

### KOÚRION ★ ☘ (135 F6) (*ℳ D9*)

Die neben Páfos sehenswerteste archäologische Stätte an der Südküste erstreckt sich über ein Plateau 15 km westlich von Limassol. Sie beginnen die Besichtigung am besten mit einem der Höhepunkte des Geländes, dem *Heiligtum des Apollo Hylates* am ehemaligen Westrand der Stadt. Im heiligen Bezirk sehen Sie die Grundmauern mehrerer Pilgerherbergen, der Priesterwohnung und römischer Thermen sowie einen teilweise rekonstruierten Tempel aus dem 1. Jh. n. Chr.

Auf dem Weg vom Apollon-Heiligtum in Richtung Limassol passieren Sie das *Stadion* aus römischer Zeit. Es fasste auf sieben Sitzreihen, von denen ein kleines Stück restauriert wurde, etwa 6000 Zuschauer.

In den Ausgrabungen der Stadt Koúrion (Eingang 4 km vom Apollon-Heiligtum entfernt) sollten Sie zunächst das beeindruckende ☘ *antike Theater* besichtigen, das in dieser Form im 2. Jh. n. Chr. angelegt wurde und 3500 Zuschauern Raum bot.

Neben dem Theater sollten Sie sich die *Mosaike* im *Haus des Eustolios* anschauen, die für die Archäologen von Interesse sind, weil sie schon aus christlicher Zeit, nämlich dem frühen 5. Jh., stammen. Damals waren Darstellungen von biblischen Szenen und Heiligen nicht üblich; stattdessen bildete man Vögel und geometrische Muster ab. In Inschriften im Boden ist schon Christus genannt.

Wie die meisten dieser Mosaike stammt auch die große *Basilika* am anderen Ende der Ausgrabungen von Koúrion aus dem 5. Jh., einer Zeit, in der sich der Wandel vom heidnischen zum christlichen Koúrion vollzog. Die fünfschiffige Basilika war von aufwendiger Pracht, wie Reste von Fußbodenmosaiken, heruntergefallene Dachziegel sowie die Brunnenanlagen in zwei Vorhöfen zeigen.

Gegenüber der Basilika liegt das weitläufige Ruinenfeld der sogenannten *Akropolis,* quasi die Innenstadt des alten Koúrion. Neben vielen Grundmauern und den Überresten der Thermen mit einer *Nymphäum* genannten Brunnenanlage sind nahe dem Zaun an der Hauptstraße drei römische Mosaike im Boden zu sehen. Eins zeigt Gladiatorenkämpfe, eins den Raub des Ganymed durch Zeus in Gestalt eines Adlers, ein drittes Odysseus, wie er den auf der Insel Skíros von seiner Mutter Thetis versteckten Achilles entdeckt. *Tgl. 8–17 (Juni–Aug. bis 19.30 Uhr) | Eintritt Apollon-Heiligtum 2 Euro, Koúrion 2 Euro*

### LÓFOU (135 F5) (*m D8*)

Das große Bergdorf mit seinen vielen engen Gassen gehört zu den schönsten des Inselsüdens und liegt 24 km nordwestlich Limassols. Zyprioten und vor allem Briten haben viele Dorfhäuser sorgfältig restauriert. Leben herrscht nur im Hochsommer und an Wochenenden. Gut wohnen und essen können Sie zwischen Natursteinmauern inmitten historischer Dorfarchitektur im **INSIDER TIPP** *I Lófou (tgl. ab 12 Uhr | 6 Zi. | Tel. 25 47 02 02 | www.lofou-agrovino.com | €€).*

### PISSOÚRI (135 D6) (*m C9*)

Pissoúri ist zweigeteilt: Hoch oben an einem Hügel, 38 km westlich von Limassol, liegt das alte Dorf, 3 km entfernt direkt an einem langen Sand-Kies-Strand die kleine Feriensiedlung Pissoúri Beach. Im Bergdorf können Sie noch traditionelles Landleben genießen, am Meer einen relativ wenig bebauten Küstenabschnitt. Für einen ruhigen Urlaub im Inselsüden abseits des Massentourismus ist Pissoúri daher ideal.

Einfach-ländlich wohnen Sie im alten Bergdorf im **INSIDER TIPP** *Bunch of Grapes Inn (11 Zi. | Tel. 25 33 12 75 | bogpisouri@ hotmail.com | €).* Die Zimmer liegen im Obergeschoss eines über 100 Jahre alten Bauernhauses mit blütenreichem Innenhof. In Garten und Erdgeschoss verwöhnt ein Restaurant auch nicht hier wohnende Gäste mit feiner Küche *(tgl. ab 19 Uhr | €€€).* Zwischen Juni und September veranstalten die drei Tavernen am Dorfplatz mittwochs einen ● **INSIDER TIPP** *zypriotischen Abend* mit reichlich Folklore. Dann gesellen sich auch viele Dorfbewohner zu den Besuchern.

Direkt am Meer steht das luxuriöse Suitenhotel ☺ *Columbia Beach Resort,* das unter Verwendung vieler organischer Baumaterialien errichtet wurde und samt seines 80 m langen Lagunenpools vorbildlich in die Küstenlandschaft eingefügt ist *(Tel. 25 83 30 00 | www. columbia-hotels.com | €€€).*

## LOW BUDGET

▶ Schuhe nach Maß werden in Limassol vor allem in der Jámi Street nahe der Burg sehr preisgünstig angeboten, z. B. von *Made to Measure Shoes by Lydia | Jámi Street 14*

▶ Kostenloses Sightseeing: Wie in allen Städten Südzyperns werden von der *Cyprus Tourism Organization* auch in Limassol kostenlos englischsprachig geführte Stadtrundgänge angeboten. Im Winterhalbjahr gibt es auch kostenlose Bustouren mit Spaziergängen in der Umgebung. Auskunft → S. 48

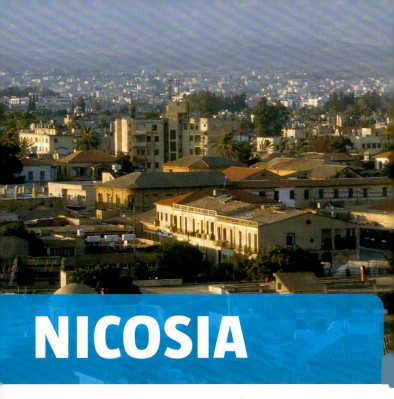

# NICOSIA

**WOHIN ZUERST?**

**Altstadt:** Linienbusse kommen an der Platía Dion Solomoú auf der Stadtmauer an. Gleich daneben liegt auf der Tripoli-Bastion ein gebührenpflichtiger Parkplatz. Weitere gebührenpflichtige Parkplätze, die vom Leofóros Omiroú und vom Leofóros Stasinoú aus erreichbar sind, liegen im Wallgraben vor der Stadtmauer. Auch wer mit dem Sammeltaxi anreist, sollte sich auf der Stadtmauer absetzen lassen, z. B. am Beginn der Lídra Street. Außer dem Zypern-Museum liegen nämlich alle Sehenswürdigkeiten Nicosias in der Altstadt.

**KARTE IM HINTEREN UMSCHLAG**

**In Nicosia** (131 E4) (*G–H5*) **sind Sie dem Wahnsinn der Geschichte ganz dicht auf der Spur. Die Stadt (210 000 Ew.) hat drei Namen, heißt auf Griechisch Lefkosía und auf Türkisch Lefkoşa; Venezianer und Briten nannten sie Nicosia.**

Sie durchstreifen eine Altstadt innerhalb perfekt erhaltener, fast 500 Jahre alter Stadtmauern, die durch Sandsäcke und rostende Ölfässer in zwei Hälften geteilt ist. Sie bummeln durch eine autofreie Haupteinkaufsstraße, auf der Sie etwa in der Mitte ihren Personalausweis vorzeigen müssen, weil sie eine „Green Line" genannte Grenze überschreiten, die von allen Staaten der Erde nur die Türkei anerkennt. In der Snackbar *Berlin No. 2* lehnen griechisch-zyprische Soldaten

Bild: Nicosia – Blick auf die Kerýneia-Berge und die Selimiye-Moschee

**Scharfer Schnitt: Seit Südzyperns EU-Beitritt kann man sich in ganz Nicosia frei bewegen. Trotzdem bleibt die Hauptstadt zweigeteilt**

ihre Gewehre an den Tresen, wenn sie zum Kaffeetrinken herüberkommen, in der Hauptmoschee im Norden liegen die Gebetsteppiche schräg, weil die Gebetsnische Richtung Mekka schräg in die Mauern einer gotischen Kathedrale eingefügt werden musste. Trotzdem werden Sie sich kaum bedrückt fühlen, denn die Menschen haben sich dem Wahnsinn angepasst, das Leben geht seinen geruhsamen Gang. Die Landschaft trägt ein Übriges zur Bizarrerie bei: Bei klarem Wetter scheinen von Nicosia aus die bei-

den Inselgebirge mit ihren mittelalterlichen Burgen, Kirchen und Klöstern zum Greifen nah. Doch auch sie liegen nach Ansicht der Türkei in zwei verschiedenen Staaten.

2017 möchte Nicosia europäische Kulturhauptstadt werden – bis dahin soll die Altstadt auf beiden Seiten der Grenze noch viel schöner herausgeputzt, sollen noch viel mehr historische Bauten wieder nutzbar gemacht werden. Das erste kleine Altstadtviertel, das schon in den 1980er-Jahren restauriert und zum Knei-

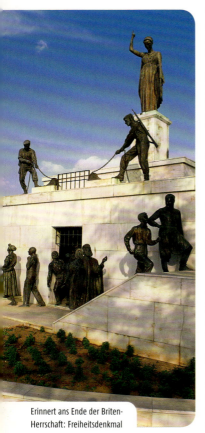
Erinnert ans Ende der Briten-Herrschaft: Freiheitsdenkmal

penviertel umfunktioniert wurde, war die *Laikí Gitoniá* im griechisch-zyprischen Teil.

## SEHENSWERTES

### ÁGIOS-GIANNIS-KATHEDRALE
(U E4) (*ɯ e4*)
Die orthodoxe Kathedrale der Stadt ist ein überraschend kleiner Bau, der 1662 auf den Ruinen einer Kreuzritterkirche erstand. Der Innenraum wurde zwischen 1736 und 1756 vollständig ausgemalt. *Mo–Sa 8–12 und Mo–Fr 14–16 Uhr | Eintritt frei | Archbishop Kiprianós Square | Südnicosia*

### ARABAHMET-MOSCHEE (U B3) (*ɯ b3*)
Die Moschee im **INSIDER TIPP** sehenswerten, nach ihr benannten Altstadtviertel gilt als schönster islamischer Kultbau in Nicosia. Sie stammt aus dem 17. Jh. und heißt nach einem der Offiziere, die 1571 an der Eroberung Zyperns durch die Ottomanen teilnahmen. Schön ist der moslemische Friedhof neben der Moschee mit seinen alten Grabmälern. *Außer zu Gebetszeiten frei zugänglich | Sehit Salahi Şevket Cad. | Nordnicosia*

### BANK OF CYPRUS CULTURAL FOUNDATION ● (U C4) (*ɯ c4*)
Kunstobjekte vom 2. Jt. v. Chr. bis zum Mittelalter, wohltuend modern präsentiert. Restaurant *(€€)* im Obergeschoss. *Tgl. 10–19 Uhr | Eintritt frei | Phaneroménis Street 86–90 | Südnicosia | www.boccf.org*

### BÜYÜK HAMAM (U C3) (*ɯ c3*)
Das „Große Türkische Bad", von den Osmanen in einer mittelalterlichen katholischen Kirche eingerichtet, ist bis auf Weiteres wegen Renovierungsarbeiten eingerüstet und geschlossen. *Büyük Han Cad. | Nordnicosia*

### BÜYÜK HAN ⭐ (U C3) (*ɯ c3*)
Die 1572 gleich nach der Eroberung Zyperns von den Ottomanen gegründete „Große Karawanserei" wurde vollständig restauriert. Wo einst Händler mit Maultieren und Kamelen übernachteten, finden sich jetzt ein sehr stimmungsvolles Café-Restaurant, Kunsthandwerksläden und kleine Galerien. *So geschl. | Eingänge Arasta Sok. und Kurtbaba Sok. | Nordnicosia*

## ERZBISCHÖFLICHER PALAST
(U E4) (🔲 e4)

Als Zypern 1960 unabhängig wurde, ließ sich Makários III. in der Altstadt einen weitläufigen Palast bauen. Hier residierte er bis 1977 als Erzbischof und Staatspräsident zugleich. *Keine Innenbesichtigung möglich | Archbishop Kiprianós Square | Südnicosia*

## ETHNOGRAFISCHES MUSEUM ●
(U E4) (🔲 e4)

Das volkskundliche Museum ist im alten Erzbischofspalast untergebracht. Ein Schwerpunkt der Sammlungen ist technisches Gerät aus der Zeit vor der Industrialisierung. Zu sehen sind Trachten und Webarbeiten, Hohlsaumstickereien aus Páno Léfkara und schöne, geschnitzte Holztruhen, Schmuck und Hausrat, Ikonen und naive Gemälde. *Mo–Fr 9.30–16 Uhr | Eintritt 2 Euro | Archbishop Kiprianós Square | Südnicosia*

## FAMAGUSTA-TOR (U F4) (🔲 f4)

Das Stadttor aus venezianischer Zeit dient als Kulturzentrum, in dem u. a. Ausstellungen, Konzerte und Theateraufführungen stattfinden. Das Tor, unter den Venezianern Porta Giuliana genannt, besteht aus einem 35 m langen Gang, der aus der Stadt in den Wallgraben führt. Links und rechts des Durchgangs lagen die Räume der Wachmannschaften. *Mo–Fr 10–13 und 16–19 (Mai–Sept. 17–20 Uhr) | Eintritt frei | Nikifóros Phókas Avenue | Südnicosia*

## FREIHEITSDENKMAL
(U E–F5) (🔲 e–f5)

Das große moderne Denkmal mit den vielen Bronzefiguren auf der Stadtmauer gegenüber vom Neuen Erzbischöflichen Palast zeigt die Befreiung des zypriotischen Volks von der britischen Kolonialherrschaft durch die Freiheitskämpfer der EOKA. Es wird von der Statue der personifizierten Freiheit bekrönt. *Nikifóros Phókas Avenue | Südnicosia*

## HAUS DES HADJIYORGÁKIS KORNÉSIOS (U E5) (🔲 e5)

Dieses Museum präsentiert den Lebensstil eines wohlhabenden Griechen auf Zypern im 18. Jh. In dem Haus wohnte 1779–1809 Hadjiyorgákis Kornésios mit seiner Familie. Er hatte während dieser Zeit das Amt des Dragomans inne, des obersten christlichen Verwaltungsbeamten der Insel. Er überwachte für die christliche Kirche und den türkischen Sultan die Steuereintreibung bei den Christen und galt zugleich als Sprecher seiner Glaubensbrüder, der jederzeit direkten

**MARCO POLO HIGHLIGHTS**

★ **Büyük Han**
Karawanserei zum Shoppen und Schlemmen → S. 54

★ **Ikonen-Museum**
Das Wertvollste aus zypriotischen Kirchen → S. 56

★ **Laikí Gitoniá**
Romantische Atmosphäre und gutes Essen im Süden der Altstadt → S. 56

★ **Selimiye-Moschee**
Gotische Architektur im Norden der Altstadt → S. 57

★ **Zypern-Museum**
Die Schätze des Altertums auf einen Blick → S. 57

★ **Asinoú**
900 Jahre alte Wandmalereien als Welterbe der Menschheit → S. 61

Zugang zum Sultan hatte. *Sa 9.30–15.30, Di, Mi, Fr 8.30–15, Do 8.30–17 Uhr | Eintritt 2 Euro | Patriarch Gregórios Street | Südnicosia*

## IKONEN-MUSEUM ★ ●
(U E4) (*m e4*)

Das in einem Seitentrakt des Neuen Erzbischofspalasts untergebrachte Museum zeigt in zwei Sälen weit über 100 der schönsten und wertvollsten zypriotischen Ikonen und Mosaike. Sie stammen aus dem 8. bis 18. Jh. und geben einen umfassenden Überblick über die verschiedenen Stilrichtungen, die westlichen Einflüsse und die Thematik byzantinischer Kunst. *Mo–Fr 9–16.30, Sa 9–13 Uhr | Eintritt 4 Euro | Archbishop Kiprianós Square | Südnicosia*

## KUMARCILAR HAN (U C3) (*m c3*)

Die „Karawanserei der Glücksspieler" aus dem 17. Jh. ist nur noch eine Ruine. Durchziehende Händler fanden hier einst in 52 Räumen Unterkunft. *Asma Alti Sok. | Nordnicosia*

## LAIKÍ GITONIÁ ★ (U C5) (*m c5*)

Viele Häuser in der Altstadt müssten dringend renoviert werden. In einem kleinen Teil hat die Stadt diese Aufgabe übernommen: in der Laikí Gitoniá. Seit 1984 wurde hier ein romantischer Winkel geschaffen, mit mehreren stimmungsvollen Tavernen und einigen Souvenirgeschäften. Hier herrscht die südländische Stimmung, die man im Urlaub sucht und genießt. *Zwischen Regaena und Hippocrates Street | Südnicosia*

## LEVENDIS-MUSEUM (U C5) (*m c5*)

Das Museum am Rand der Laikí Gitoniá präsentiert Dokumente und Objekte, die das Leben in Nicosia während der letzten drei Jahrtausende illustrieren. *Di–So 10–16.30 Uhr | Eintritt frei | Hippocrates*

Street | Südnicosia | www.leventismuseum.org.cy

## MEVLEVI TEKKE MUSEUM
(U C1–2) (*m c1–2*)

Im ehemaligen Kloster des türkischen Derwisch-Ordens werden neben türkischem Kunstgewerbe vor allem Musikinstrumente und Kostüme der „Tanzenden Derwische" gezeigt, deren Bruderschaft mit Hauptsitz im türkischen Konya von Kemal Atatürk verboten wurde. *Tgl. 9–13 u. 14–17, Nov.–April nur 9–14 Uhr | Eintritt 5 YTL | Girne Cad. | Nordnicosia*

## LÍDRAS STREET (U C4–5) (*m c4–5*)

Die Flaniermeile und Haupteinkaufsstraße der Altstadt mit vielen Cafés und Restaurants führt bis zu einem Check Point, an dem EU-Bürger und alle Zyprioten problemlos die Green Line überqueren können. Auf der anderen Seite schließt sich ein buntes Basarviertel an.

## MOTORRADMUSEUM (U B4) (*m b4*)

Über 150 Motorräder aus der Zeit zwischen 1914 und 1983. *Mo–Fr 9.30–13.30 und 15–19, Sa 9–13 Uhr | Eintritt 5 Euro | Graníkou Street 44 | www.agrino.org/motormuseum*

## MUSEUM DES NATIONALEN KAMPFES ● (U E4) (*m e4*)

Das Museum zeigt erschütternde Zeugnisse aus dem Kampf gegen die britische Kolonialherrschaft. *Mo–Fr 8–14, Do außer im Juli/Aug. auch 15–17.30 Uhr | Eintritt frei | Archbishop Kiprianós Square | Südnicosia*

## OBSERVATORIUM ☀ (U C5) (*m c5*)

Vom 11. Stock des Ermes-Hochhauses an der Lídras Street überblicken Sie ganz Nicosia. *Juni–Aug. tgl. 10–20, Nov.–März tgl. 9.30–17 Uhr | Eintritt 1 Euro | Eingang in der Arsinóis Street | Südnicosia*

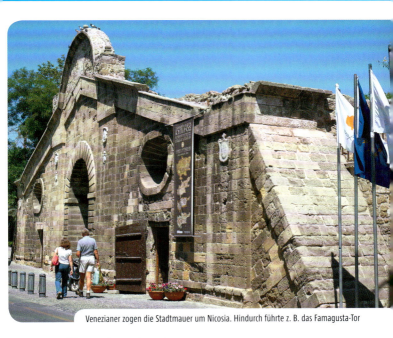
Venezianer zogen die Stadtmauer um Nicosia. Hindurch führte z. B. das Famagusta-Tor

### OMERIYE-BÄDER ● (U D4) (*d4*)

Der türkische Hamam *(Turkish Bath)* ist heute ein stimmungsvolles Wellnesscenter. *Eintritt 20 Euro, ansonsten keine Innenbesichtigung möglich | Tillýrias Square | Südnicosia*

### SELIMIYE-MOSCHEE/ SOPHIEN-KATHEDRALE ★
### (U D3) (*d3*)

Die heutige Hauptmoschee von Nicosia wurde zwischen 1208 und 1236 als gotische Krönungskathedrale der aus Frankreich stammenden Könige von Zypern erbaut. Die gotischen Spitzfenster und das gotische Maßwerk sind bestens erhalten, nur der Innenraum wurde nach islamischen Vorgaben von sämtlichem bildlichen Schmuck befreit. *Außer zu Gebetszeiten frei zugänglich | Arasta Sok. | Nordnicosia*

### STADTMAUERN

Die Stadtmauer aus venezianischer Zeit, auf der heute auf weiten Strecken eine Straße verläuft, war durch elf Bastionen verstärkt. Nur drei Tore führten ursprünglich hindurch: neben dem Famagusta-Tor (U F4) (*f4*) das Páfos-Tor (U B4) (*b4*) im Westen und das Kerýneia-Tor (U C1) (*c1*) im Norden. Der breite Wallgraben ist noch gut zu erkennen, obwohl in ihm jetzt Sportstätten und Parkplätze angelegt sind.

### ZYPERN-MUSEUM ★
### (U A–B5) (*a–b5*)

Das schönste und wertvollste, was Archäologen auf Zypern fanden, ist in den 16 Sälen dieses angenehm kleinen Museums ausgestellt. Die Briten erbauten es zu Beginn des 20. Jhs. In zwei Stunden gewinnen Sie einen Überblick über die

Skulpturen im Zypern-Museum

Kammstrichware. *Saal 2* verrät etwas aus dem Leben in der frühen Bronzezeit. Drei schöne Terrakottamodelle zeigen Tempelszenen und Bauern beim Pflügen. *Saal 3* präsentiert im „Schnelldurchgang" die weitere Geschichte der zypriotischen Keramik. Man sieht importierte Ware aus Athen, Kreta und Mykene. Prachtexemplare der einheimischen Keramik sind zwei Vasen im Freifeldstil aus dem 7. Jh. v. Chr. Die eine zeigt einen Stier, der an einer geöffneten Lotosblüte schnüffelt, die andere einen stilisierten Vogel, der einen Fisch im langen Schnabel hält.

*Saal 4* beherbergt einen Teil der rund 2000 Votivfiguren, die in einem archaischen Heiligtum an der Nordküste gefunden wurden. Sie werden so präsentiert, wie die Archäologen sie in der Erde entdeckt haben. Die kleinsten sind nur 10 cm hoch, manche erreichen aber auch Lebensgröße. Die menschlichen Figuren sind so individuell, dass sie Porträts der Stifter darstellen könnten, die durch die Hinterlegung ihrer Statue Schutz der Gottheit erhofften.

*Saal 5* und *6* befassen sich mit der Entwicklung der Großskulptur auf Zypern. Besonders eindrucksvoll sind die archaischen Löwen aus Tamassós. In *Saal 7* sind zahlreiche Objekte zu finden, die mit Zyperns Haupteinkommensquelle in der Antike, dem Kupfer, zusammenhängen – darunter Kupferbarren aus der Bronzezeit, die die Form gespannter Ochsenhäute haben, und Kultfiguren aus Kupfer wie der berühmte Gehörnte Gott von Enkomi und der Barrengott, der mit einem Speer bewaffnet auf einem Kupferbarren steht.

*Saal 8* zeigt in Rekonstruktionen, wie Menschen von der Jungsteinzeit bis zum 5. Jh. v. Chr. bestattet wurden. Im *Saal 9* sieht man Grabdenkmäler aus dem 6.–3. Jh. v. Chr. *Saal 10* präsentiert die Entwicklung der zyprischen Schrift. *Saal 11*

kulturelle Entwicklung der Insel von der Jungsteinzeit bis zum frühen Mittelalter. *Saal 1* zeigt, dass die Menschen vor fast 8000 Jahren schon gleiche Grundbedürfnisse hatten wie wir. Kreuzförmige Idole aus Andesitgestein, die wahrscheinlich wie Amulette getragen wurden, sollten ihre Besitzer vor übernatürlichem Übel bewahren. Halsketten wie die aus Röhrenmuscheln und Karneol wurden als Schmuck getragen. Schalen aus Stein sowie Schüsseln und Krüge aus Ton dienten als Haushaltsgeräte. Auch diese frühe, 6000 Jahre alte Keramik verdeutlicht, dass der Mensch schon nach schönen Alltagsgegenständen strebte: Schüsseln und Krüge waren rot poliert und bemalt und häufig mit wellenförmigen Linien geschmückt, die mit einem kammartigen Werkzeug in die noch feuchte Farbe geritzt wurden. Man nennt diese frühe Keramikgattung deshalb auch beherbergt Funde aus den Königsgräbern von Sálamis. Sehenswert sind die Elfenbeinarbeiten an den königlichen Möbeln und ein großer Bronzekessel auf eisernem Dreifuß aus dem frühen 8. Jh. In *Saal 12* präsentieren mehrere Dioramen Methoden antiker Kupfergewinnung und -verhüttung. *Saal 13* zeigt römische Statuen, die aus Sálamis hierher gebracht wurden. *Saal 14* schließlich ruft noch einmal mit kleinen Objekten die Welt der vorgeschichtlichen Zeit in Erinnerung. Man sieht Wagenmodelle, die als Kinderspielzeug gedient haben mögen, und Terrakottafiguren gebärender Frauen. *Di, Mi, Fr 8–16, Do 8–17, Sa 9–16, So 10–13 Uhr | Eintritt 4 Euro | Museum Street 1 | Südnicosia*

## ESSEN & TRINKEN

In Südnicosia liegen fast alle touristisch interessanten Tavernen im restaurierten Altstadtviertel *Laikí Gitoniá*, in Nordnicosia konzentrieren sie sich auf den *Atatürk-Platz*.

### INSIDER TIPP AEGEON (U F3) (*m f3*)
Taverne mit schöner Atmosphäre nahe dem Famagusta-Tor; exzellentes *mesé* à la carte. Unbedingt telefonisch reservieren. *Tgl. ab 20 Uhr | Tel. 22 43 32 97 | Hector Street 40 | Südnicosia | €€€*

### INSIDER TIPP BOGHJALIAN KONAK ●
(U B3) (*m b3*)
Stilvolle Räume im ehemaligen Haus eines armenischen Tuchhändlers, schöner Innenhof, vor allem Grillgerichte. *Mo–Sa 12–16 und ab 19, Bar tgl. 11–24 Uhr | Salahi Şevket Sok. | Nordnicosia | www.boghjalian.com | €€*

### FRIDAY'S (U B5) (*m b5*)
Dieses Lokal ist zugleich Kneipe, Cocktailbar und Restaurant nach amerikanischem Vorbild auf zwei Etagen. Crossoverküche, leckere *smoothies,* exzellenter *Long Island Tea. Tgl. ab 12 Uhr | Diágorou Street 12 | Südnicosia | €€€*

### MATTHEOS ● (U D4) (*m d4*)
Die einfache Taverne nahe der Faneromeni-Kirche bietet eine große Auswahl an schlichten, bodenständigen zyprischen Gerichten wie Eintopf und Süßkartoffel mit Schweinefleisch. *Mo–Sa 10–17 Uhr | Lefkónos Street | Südnicosia | €*

### INSIDER TIPP SEDIR CAFÉ (U C3) (*m c3*)
Stimmungsvoller als in diesem Lokal im schönen Innenhof der Großen Karawanserei können Sie in Nordnicosia nicht sitzen, besser nicht speisen. Alles hier ist hausgemacht, beim Ausrollen des Teigs für die Ravioli und Teigtaschen können Sie morgens zuschauen. Empfehlung: mit Fleisch oder Käse gefüllte Ravioli, danach ein Joghurt mit Honig, dazu ein Glas *Ayran. Mo, Do 9–20, Sa 9–16, Di, Mi und Fr (mit Livemusik) bis 24 Uhr | Büyük Han | €*

## LOW BUDGET

▶ Preiswerte Altstadtzimmer: Relativ günstig und dennoch annehmbar wohnen Rucksackreisende und andere Traveller in der Pension *Tony B & B* am Rande der Laikí Gitoniá. *Solónos St. 13 | Tel. 22 66 77 94 | €*

▶ Altstadtbus: Einen ersten Eindruck von der Altstadt Südnicosias verschafft Ihnen eine 45-minütige, kostenlose Altstadtrundfahrt mit dem Linienbus 1, der werktags etwa halbstündlich von der Platía Eleftherías abfährt.

### XEFOTO (U C5) *(m c5)*

Abends kommen auch viele Zyprioten. Der Englisch sprechende Wirt Andreas tischt ein *mesé* und Wein vom Fass auf; zur griechischen Livemusik (ab 21.30 Uhr) singen und tanzen die Gäste – und häufig auch der Wirt. *Tgl. ab 11 Uhr | Laikí Gitoniá | Südnicosia | €€*

## EINKAUFEN

Die Haupteinkaufsstraßen in Südnicosia sind die *Lídras* und die *Onásgoras Street* in der Altstadt, außerdem die *Makários Avenue* in der Neustadt. Eine Menge Souvenirläden finden Sie im Altstadtviertel *Laikí Gitoniá*. Im anderen Teil der Stadt, in Nordnicosia, ist die *Arasta Sok.* (U C–D3) *(m c–d3)* die Haupteinkaufsstraße der türkich-zyprischen Altstadt.

### MÄRKTE

Viel interessanter als die Markthalle (U D4) *(m d4)* in Südnicosias Altstadt *(tgl. 7.30–13 Uhr | Platía Dimarchías)* sind der **INSIDER TIPP** Mittwochsmarkt auf der Constanza-Bastion der Stadtmauer (U D5–6) *(m d5–6) (tgl. 6–17 Uhr)* und die Markthalle in der Altstadt von Nordnicosia (U D3) *(m d3),* die Sie in direkter Nähe der Selimiye-Moschee finden.

### STAATLICHES KUNSTHANDWERKS-ZENTRUM (O) *(m O)*

Verkaufsausstellung mit Festpreisen; einige Kunsthandwerker arbeiten auch hier. *Mo–Fr 7.30–14.30, Do (außer Juli/Aug.) auch 15–18 Uhr | Athalássia Street 186 | nahe Autobahn Lárnaka/Limassol | Südnicosia*

## AM ABEND

### ENALLAX (U F3) *(m f3)*

Ein Lokal für Musikliebhaber: mittwochs Classic Rock, donnerstags bis samstags

griechische Livemusik. *Leofóros Athínas | kurz vor der Green Line | Mi–Sa ab 23 Uhr*

## ÜBERNACHTEN

### CENTRUM (U C5) *(m c5)*

Dieses neue und moderne Hotel steht in sehr zentraler Lage am Rand des Altstadtviertels Laikí Gitoniá. Freier Internetzugang. Sehr freundliches Personal. *40 Zi. | Pasikratous Street 15 | Südnicosia | Tel. 22 45 64 44 | www.centrumhotel.net | €€*

### CITY ROYAL (O) *(m O)*

Das moderne Hotel liegt nahe dem Fernbusbahnhof außerhalb der Altstadt und verfügt über Dachterrasse, Hallenbad, türkisches Bad, Diskothek und Spielkasino. Exzellentes Preis-Leistungs-Verhältnis. *86 Zi. | Kemal Asik Cad. 19 | | Nordnicosia | Tel. 2 28 76 21 | www.city-royal.com | €€*

### CLASSIC (U B4) *(m b4)*

Modernes Hotel mit geschmackvoller Einrichtung und intimem Charakter. Direkt auf der Stadtmauer nahe dem Páfos-Tor. *57 Zi. | Régaena Street 94 | Südnicosia | Tel. 22 66 40 06 | www.classic.com.cy | €€€*

### HOLIDAY INN (U B5) *(m b5)*

Komfortabelstes Hotel in der Altstadt auf der Stadtmauer. Hallenbad, Nichtraucheretagen, Fitnesszentrum. *140 Zi. | Régaena Street 70 | Südnicosia | Tel. 22 71 27 12 | hinnicres@cytanet.com.cy | €€€*

### **INSIDER TIPP** SKY (U C5) *(m c5)*

Das Haus bietet einfache Zimmer mit kleinen Balkonen, die Lage ist sehr zentral an der Laiki Gitoniá. *24 Zi. | Solónos Street 7 C | Tel. 22 66 68 80 | www.skyhotel.ws | €*

## AUSKUNFT

### CYPRUS TOURISM ORGANIZATION
(U C5) (🗺 c5)
*Laikí Gitoniá | Südnicosia | Tel. 22 67 42 64 | Mo–Fr 8.30–16, Sa 8.30–14 Uhr*

### NORTH CYPRUS TOURIST INFORMATION (U C1) (🗺 c1)
*Kerýneia-Tor | Tel. 2 27 29 94*

### ÜBERGÄNGE ZWISCHEN NORD- UND SÜDNICOSIA (CHECKPOINTS)
*Checkpoint Ledra Palace* (U A2) (🗺 a2): Unmittelbar am Rand der Altstadt liegt, von den Stadtzentren beider Teile der Inselhauptstadt nur jeweils 10 Gehminuten entfernt, der rund um die Uhr geöffnete Checkpoint Ledra Palace. Sie können ihn zu Fuß, mit dem Fahrrad, mit einem Mietwagen oder Taxi passieren. Auf beiden Seiten stehen rund um die Uhr Taxis bereit. Wer mit Taxi und Gepäck aus dem Süden kommt, kann hier die Green Line zu Fuß passieren und dann auf der anderen Seite mit einem preiswerteren türkisch-zypriotischen Taxi weiterreisen.
*Checkpoint Ágios Dométios* (O) (🗺 0): Der rund um die Uhr geöffnete Checkpoint in der westlichen Neustadt nahe der Pferderennbahn von Südnicosia liegt so weit von den jeweiligen Stadtzentren entfernt, dass man ihn nur mit dem Mietwagen oder Taxi passieren sollte.
*Checkpoint Lídras Street* (U C4) (🗺 c4): Zentral in der Altstadt gelegen, nur für Fußgänger, rund um die Uhr geöffnet.

## ZIELE IN DER UMGEBUNG

### ASINOÚ ⭐ (130 A5) (🗺 E6)
Die Mönche des Mittelalters haben die Einsamkeit gesucht. So siedelten sie auch am oberen Ende eines Tals am Rand des Tróodos zwischen Wäldern und

Gucken, kaufen, Kaffee trinken: Shops und Cafés in Nicosias Einkaufsstraßen

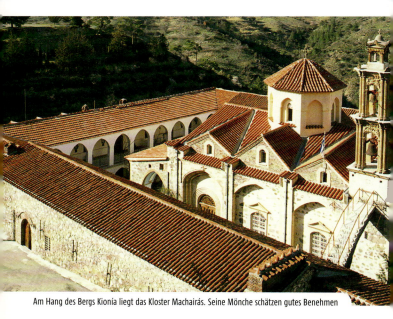
Am Hang des Bergs Kionía liegt das Kloster Machairás. Seine Mönche schätzen gutes Benehmen

Weiden, 31 km südwestlich. Von ihrem Kloster *Panagía Forviótissa* in der Gemarkung Asinoú ist nur noch die Kirche erhalten; die Wohn- und Wirtschaftsräume aus Holz und Lehm sind verschwunden. Die Kirche aber ist einer der größten Kunstschätze Zyperns. Von außen gleicht der kleine, einschiffige Bau mit seinem weit heruntergezogenen Ziegeldach eher einer Scheune als einem Gotteshaus. Bei genauerem Hinsehen erkennt man unter der Ziegelkonstruktion noch ein zweites, älteres Tonnengewölbe unter dem Kirchenschiff und Kuppeln über dem Vorbau. Das Ziegeldach ist wohl eine Anregung aus der Kreuzritterarchitektur gewesen, das später zum Schutz gegen die Witterung über den Bau gestülpt wurde. Dadurch sind die Wandmalereien im Innern so hervorragend erhalten geblieben. Die ältesten von ihnen stammen schon aus den Jahren 1105/06 – und leuchten nach einer vor 25 Jahren erfolgten Reinigung fast so kräftig wie vor nahezu 900 Jahren. *Den Schlüssel zur Kirche verwaltet der Dorfpriester des vor Asinoú gelegenen Dorfes Nikitári. Meist findet man ihn bis 16 Uhr in der Kirche, sonst im Dorf; eine Spende ist üblich*

## FIKÁRDOU (130 C6) *(M F7)*

Das kleine Dorf in der Nähe des Machairás-Klosters steht seit 1978 unter Denkmalschutz. Nur noch ein Dutzend Menschen leben ständig hier, 40 km südwestlich der Hauptstadt. Der Staat hat viele Häuser originalgetreu im Stil des 18. und 19. Jhs. restaurieren lassen, sodass Fikárdou heute als Museumsdorf gelten kann. Die Häuser, aus unbehauenen Steinen und Lehm erbaut, sind zumeist zweigeschossig. Zwei davon dienen jetzt als volkskundliche und agrarhistorische Museen, in denen neben alten Möbeln

gedruckte Ikonen und selbst gemachtes Marzipan. *Tagsüber geöffnet (Mittagsruhe 12–15 Uhr) | Eintritt frei*

### KLOSTER MACHAIRÁS (MAKHERÁS)
(136 C2) (*F7*)

Eine kurvenreiche, schmale Straße führt aus der Mesaória durch dichte Wälder fast 900 m hoch den Hang des Bergs Kioniá hinauf – 32 km südwestlich von Nicosia. Hier liegt das ❄ Mönchskloster *Panagía Machairás.* Es wurde schon im 12. Jh. gegründet; seine Bauten einschließlich der in den 1990er-Jahren mit Wandmalereien im byzantinischen Stil ausgestalteten Kirche im engen Klosterhof stammen aus der Zeit nach dem letzten Klosterbrand 1892.

Die hier lebenden Mönche sehen nichtorthodoxe Besucher inzwischen nur noch ungern, da zu viele sich zu respektlos verhielten. *Gruppen Mo, Di und Do 9–12 Uhr | Eintritt frei*

### TAMASSÓS (131 D6) (*G6*)

Vor dem Ortseingang des kleinen Dorfs *Politikó* (20 km von Nicosia in südlichwestlicher Richtung) weist ein Schild Ihnen den Weg zu den *Königsgräbern.* Die seit der Eisenzeit erwähnte und in der Antike für ihren Kupferreichtum berühmte Stadt Tamassós ruht noch weitgehend unter der Erde, nur einige Grundmauern eines der Aphrodite-Astarte geweihten Tempels und einiger Werkstätten wurden freigelegt. Die beiden Gräber aus dem 6. Jh. v. Chr. sind interessant, weil sie reale Bauten imitieren. Die in die Erde gebauten Gräber haben Decken aus Kalkstein. Die Deckenbalken, Türrahmen, Scheintüren und -fenster, Fensterbalustraden und Balkenköpfe am Eingang lassen auf Vorbilder in Ägypten und im Nahen Osten schließen. *April–Okt. tgl. 9.30–17, Nov.–März tgl. 8.30–16 Uhr | Eintritt 2 Euro*

und Gerätschaften auch eine Fotodokumentation über das frühere Dorfleben und die Restaurierungsarbeiten zu sehen sind *(Museen April–Okt. tgl. 9–17, Nov.–März tgl. 8–16 Uhr | Eintritt 2 Euro).* Sehr gut essen können Sie in der Dorftaverne *(€)* gegenüber der Kirche.

### KLOSTER ÁGIOS IRAKLÍDIOS
(131 D6) (*G6*)

Das Kloster liegt ebenso wie die Königsgräber von Tamassós in unmittelbarer Nähe des kleinen, sterbenden Dorfes *Politikó* am Rande der Mesaória, 21 km von der Hauptstadt entfernt in Richtung Südwesten. Die Schwestern leben hier seit 1962 in einem selbst geschaffenen Garten Eden. Besucher fasziniert der gartenähnliche Innenhof des Klosters meist mehr als der Bau. Schwalben nisten in den Umgängen, im kleinen Klosterladen verkaufen die Schwestern billige,

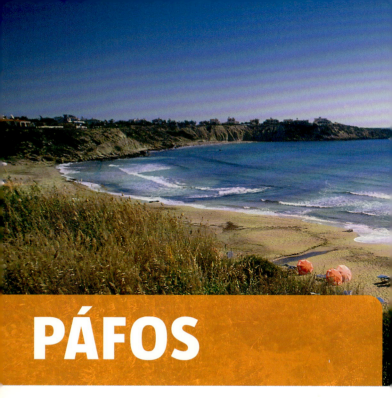

# PÁFOS

**(134 B5)** *(⌖ A–B8)* **Der Westen der Insel ist dünner besiedelt als das übrige Südzypern. Der größte Ort der Region, Páfos (40 000 Ew.), ist sympathisch kleinstädtisch geblieben; der zweitgrößte, Pólis, ist kaum mehr als ein großes Dorf.**

Der Tourismus ist hier erst seit Mitte der 1980er-Jahre wichtiger als die Landwirtschaft; den meisten Hotels sieht man an, dass sie in Zeiten wachsenden Umweltbewusstseins entstanden sind.

Das Klima ist im Westen der Insel noch milder und ausgeglichener, sodass in der Umgebung von Páfos sogar Bananen angebaut werden können. Neben allerlei Obst gedeihen auch Erdnüsse; an den Hängen hinter der Küste gibt es Olivenhaine und reichlich Johannisbrotbäume; in den Bergen wächst viel Wein.

Industrie fehlt nahezu völlig; die Natur ist noch weitgehend intakt. Im Bezirk von Páfos liegen die meisten Wälder. Die Halbinsel Akamás im äußersten Westen Zyperns ist nahezu menschenleer. An ihren Sandstränden legen Meeresschildkröten ihre Eier ab; durch Teile dieser unberührten Natur führen wunderbare Wanderpfade.

Im Bezirk von Páfos bewegen Sie sich auch in einer geschichtsträchtigen Region. Páfos war in der Antike ein bedeutendes Stadtkönigreich mit einem weltbedeutenden Pilgerheiligtum der Aphrodite; in ptolemäischer und römischer Zeit regierten Statthalter von Páfos aus die ganze Insel. Geschichte prägt das Gesicht von Páfos bis heute: Tavernen und Hotels stehen oft unmittelbar neben

Bild: Strand Coral Bay

**Ein bedrohtes Paradies:
Die noch intakte Natur im Inselwesten ist auf
behutsamen Tourismus angewiesen**

antiken und mittelalterlichen Bauwerken, die über das ganze Stadtgebiet verteilt sind. In den schönsten (und teuersten) Tavernen, denen am Fischerhafen, sitzen Sie genau dort, wo vor 2000 Jahren Pilger an Land gingen, Schiffe aus dem Zedernholz der Wälder gebaut und die Bodenschätze Zyperns verladen wurden. Páfos ist heute deutlich dreigeteilt. Da ist einmal *Káto Páfos* unten am Meer mit seinem Fischerhafen. Nördlich und östlich vom Hafen ist das weitläufige Hotelviertel entstanden. Die Kette der

Hotels ist bis ins Gemeindegebiet von Geroskípou den Strand entlang gewachsen. Die meisten Bürger der Stadt wohnen heute noch in der Oberstadt *Ktíma,* die in türkischer Zeit auf einem Plateau etwa 2–3 km landeinwärts gebaut wurde. Hier dominieren Geschäfte, Schulen und Behörden das Straßenbild, das am Meer von Souvenirläden, Tavernen und Bars geprägt wird.
Und schließlich ist da noch *Palaiá Páfos,* Standort der antiken Stadt, die 321 v. Chr. zugunsten des neu gegründeten

Königsgräber – ohne Könige

*Néa Páfos* aufgegeben wurde, das heute aus den Ortsteilen Ktíma und Káto Páfos besteht. Wo einst Palaiá Páfos stand, liegen heute das sehr ländliche Dorf *Koúklia* und einige Ruinenfelder der Antike.

## SEHENSWERTES

### AGÍA SOLOMONÍ
Die Felsgräber der heidnischen Welt wurden in christlicher Zeit für verschiedene Zwecke genutzt: als Gefängnis, als Steinbrüche oder auch als Kapellen. So ist auch das antike Felsgrab der hl. Solomoní zur Kapelle geworden. Am Niedergang zur Kapelle steht ein auffälliger Baum. An seine Zweige sind zahlreiche Taschentücher und Stofffetzen geknotet. Dieser uralte Brauch soll in der Kapelle gesprochene Gebete wirksamer machen. *Apostolos Pavlos Avenue | Eintritt frei*

### ARCHÄOLOGISCHER PARK
Im Archäologischen Park liegen die Mosaike, das Odeon und die Festung Saranda Kolonnes, die nachstehend einzeln beschrieben werden. Eintritt zahlen Sie nur einmal an der Kasse am großen Parkplatz am Hafen; für einen ausführlichen Rundgang sollten Sie mindestens drei Stunden veranschlagen. *Juni–Aug. tgl. 8–19.30, April/Mai und Sept./Okt. tgl. 10–19, Nov.–März tgl. 10–17 Uhr | Eintritt 4 Euro*

### ARCHÄOLOGISCHES BEZIRKSMUSEUM
Das kleine Museum besitzt edlen Goldschmuck aus der Zeit vom 15. Jh. v. Chr.– 3. Jh. n. Chr., gute Beispiele für römisches Glas und römische Wärmflaschen aus Ton, die Gliedmaße und andere Körperteile eines Mannes nachbilden. *Di, Mi, Fr 8–15, Do 8–17, Sa 9–15 Uhr | Eintritt 2 Euro | Dighénis Street*

### BYZANTINISCHES MUSEUM
Übersichtliche Sammlung von Ikonen aus dem 12.–18. Jh., liturgische Gewänder und liturgisches Gerät. *Juni–Sept. Mo–Fr 9–16 (Nov.–März 9–15), Sa 9–13 Uhr | Eintritt 2 Euro | Andréa Ioánnou Street | Ktíma*

### HAFEN
Die Mole des nur noch für Fischer- und Ausflugsboote genutzten Hafens liegt über einer der beiden antiken Molen, von der am Molenende noch einige Steinblöcke zu sehen sind. Am Ansatz der Mole liegt ein ☀ türkisches Fort, das zu besichtigen sich wegen des Blicks über Páfos lohnt. *Fort Juni–Aug. tgl. 8–19.30,*

*Nov.–März tgl. 8–17, sonst tgl. 8–18 Uhr | Eintritt 2 Euro*

### KÖNIGSGRÄBER

Von den Wohnhäusern des antiken Páfos ist nichts erhalten. Eine Vorstellung davon, wie die reichen Ptolemäer in den beiden letzten vorchristlichen Jahrhunderten wohnten, vermitteln aber ihre Gräber. Die schönsten sind nahe dem Meer aus dem felsigen Untergrund herausgearbeitet worden. Sie besitzen einen Innenhof, der von Säulen oder Pfeilern umstanden wird. Von diesem Hof gehen verschiedene Grabkammern ab. In einem dieser großen Gräber wurde im Innenhof ein gewaltiger Felsblock stehen gelassen, in dem eine Treppe zu einem Brunnen hinunterführt. Andere Teile des Blocks wurden ebenfalls für Grabkammern genutzt. *Juni–Aug. tgl. 8–19.30, Nov.–März tgl. 8–17, sonst tgl. 8–18 Uhr | Eintritt 2 Euro | Tombs of the Kings Road*

### MOSAIKE

Nordwestlich des Fischerhafens lag das Zentrum der römischen Stadt. Es war von hohen Mauern umgeben, die nicht mehr erhalten sind. Hier standen großzügige Villen und Verwaltungsbauten, die mit kostbaren Bodenmosaiken verziert waren. Seit ihrer Entdeckung 1962 hat man ein ganzes Bilderbuch der antiken Mythologie freigelegt und restauriert.

Die Mosaike stammen zum größten Teil aus dem 3. und 4. Jh. Sie verteilen sich auf vier verschiedene Häuser, die die Archäologen jeweils nach einem der darin gefundenen Mosaike benannten.

Im ★ *Haus des Dionysos* ist das große Bildfeld mit den Szenen einer Weinlese besonders schön. Es steckt voller lebendiger Details.

Ähnlich anschaulich erzählen auch die übrigen Mosaike antike Sagen voller Dramatik und Lebenslust. Wer sie kennenlernen möchte, nimmt am besten an einem geführten Ausflug zu den Mosaiken teil oder kauft sich an der Kasse einen deutschsprachigen Führer.

Vom Haus des Dionysos geht es weiter zum *Haus des Aion,* in dem weitere mythologische Themen dargestellt sind. Danach kommt man zum *Haus des Theseus* mit einem ganz außergewöhnlichen Mosaik, dessen Zentrum ein großes, rundes Bildfeld einnimmt. Es zeigt in der Mitte den Athener Helden Theseus, der gerade den Stier Minotaurus im Labyrinth auf Kreta besiegt hat. Die Personifikation des Labyrinths ist links unten dargestellt, der Minotaurus liegt rechts unten vor dem Helden. Rechts oben ist die Insel Kreta als König personifiziert; links oben ist die Königstochter Ariadne zu erkennen, deren Faden es Theseus ermöglichte, den Weg aus dem Labyrinth zu finden.

Vom Haus des Theseus kommen Sie abschließend ins *Haus des Orpheus* mit drei weiteren Mosaiken. *Im Archäologischen Park*

## MARCO POLO HIGHLIGHTS

★ **Haus des Dionysos**
Antike Mosaike, die Geschichten voller Dramatik und Lebenslust erzählen → S. 67

★ **Bäder der Aphrodite**
Ein lauschiger Quellteich in üppigem Grün und ein Hauch von Erotik → S. 72

★ **Felsen der Aphrodite**
Auch ohne Legenden eine bezaubernde Küste → S. 72

★ **Kloster Ágios Neófytos**
800 Jahre alte Porträts eines Eremiten → S. 72

## MUSEUM DES ZYPRISCHEN KULTURLEBENS

In diesem privaten Museum in einer Villa von 1894 sind ansprechend dekoriert verschiedene Objekte aus dem zypriotischen Alltag der letzten Jahrhunderte zu sehen. *Mo–Sa 10–17.30, So 9–13 Uhr | Eintritt 3 Euro | Éxo Vrýssi Street 1*

## ODEON ⚘

In unmittelbarer Nähe der Häuser mit den Mosaiken ragt ein kurzer, weißer Leuchtturm aus britischer Zeit in den Himmel. Unterhalb des Turms wurde das römische Odeon freigelegt, ein kleines Theater für lyrische Wettbewerbe und musikalische Darbietungen. Von den zwölf Sitzreihen aus blicken Sie auf eine große Fläche, die in der Antike voller Leben war – das Forum, also der Marktplatz. *Im Archäologischen Park*

## PAULUS-SÄULE

In der biblischen Apostelgeschichte wird berichtet, dass Paulus in Páfos war und dem römischen Prokonsul die Macht des Christentums demonstrierte: Er schlug einen heidnischen Magier mit Blindheit. Die lokale Legende weiß auch, dass Paulus in Páfos ausgepeitscht wurde. Die Säule, an der er während der Auspeitschung festgebunden war, wird noch heute auf dem Gelände einer frühchristlichen Basilika bei der mittelalterlichen Kirche Panagía Chrissopolítissa gezeigt.

## SARANDA KOLONNES ⚘

Eine der am stärksten zerstörten und dennoch schönsten Burgruinen von Zypern steht oberhalb des Fischerhafens. Die Kreuzritter erbauten die Burg gleich nach ihrer Besitzergreifung der Insel 1192, schon 30 Jahre später wurde sie durch ein Erdbeben zerstört und fortan als Steinbruch genutzt. Ihren Namen, der „40 Säulen" bedeutet, erhielt sie, weil man zu ihrem Bau 40 Granitsäulen vom benachbarten römischen Forum wiederverwendete. Sie stützen z. B. die Mauern des Burgeingangs im Osten. *Im Archäologischen Park*

## ESSEN & TRINKEN

### INSIDER TIPP ► LAÓNA ☺

Markttaverne mit täglich frisch gekochten Speisen lokaler Herkunft, auch vegetarische Gerichte. Zweimal wöchentlich auch abends für ein kleines, ein großes oder ein rein vegetarisches *Mesé*-Essen geöffnet. *Mo–Sa 10–16, Di und Fr auch 19–22Uhr | Vótsi Street 6 | Ktíma | €*

### INSIDER TIPP ► LATERNA ☺

Chrístos Mavromátis ist Koch aus Leidenschaft und stolz auf seine vegetarischen Spezialitäten und Steaks von zypriotischen Rindern. Er bietet in seiner kleinen, familiär geführten Taverne eine gute Auswahl erlesener zypriotischer Weine aus der Region – darunter auch Bioweine des Winzers Ángelos Tsangarídi – zu günstigen Preisen. *Tgl. ab 17.30 Uhr, im Dez. geschl. | Apóllonos Street 2/Ecke Ágios Antónios Street | Káto Páfos | €€*

### INSIDER TIPP ► OTHOMANIC BATH TRADITIONAL COFFEE SHOP

Unmittelbar vor dem ehemaligen türkischen Bad servieren die Wirtsleute außer Salaten und Sandwiches auch allerlei Süßes wie die zyprische Rosenwasser-Spezialität *mahalépi,* das orientalische Gebäck *baklavá* mit Eis oder zyprische Apfeltorte. Aus den Lautsprechern spielt dazu ausschließlich sanfte griechische Musik. *Tgl. 9–18 Uhr | zwischen Markthalle und Parkplatz | Ktíma | Tel. 99 45 25 48 | €*

### SÓLI-AÉPIA ⚘

Erstklassiges Fleisch- oder Fisch-Mesé mit Panoramablick. Ganztägig einfache, preiswerte Snacks. *Odós Talaát Pása 1 | an der Markthalle | Tel. 26 93 32 72 | Livemusik Mi, Fr, Sa ab 21 Uhr | €€*

## EINKAUFEN

### MARKTHALLE ●

Weil die Markthalle Ende der 1990er-Jahre von Souvenirhändlern erobert wurde, müssen die vielen Bauern, die vor allem samstagmorgens ihre Produkte anbieten, jetzt mit Plätzen rund um die Halle vorliebnehmen. Die Atmosphäre ist trotzdem noch ländlich-urig. *Mo, Di, Do, Fr 7.30–16, Mi und Sa 7.30–14 Uhr | Agorás Street | Ktíma*

### KÓSTAS THEODÓROU

Lederartikel zypriotischer Provenienz, vor allem Taschen und Accessoires. *Makários Ave. 92 | Ktíma*

### VAVOÚLAS

Exklusive Schuhmode für sie und ihn, vor allem von griechischen Schuhdesignern. *Níkos Nikolaídis Street 18 | Ktíma*

## SPORT & STRÄNDE

Im Stadtgebiet gibt es nur einige kleine, künstliche Sandstrände vor den Hotels. Die ersten größeren Strände liegen bei Geroskípou und unterhalb des alten Leuchtturms am Odeon. Gute Sand-Kies-Strände gibt es im Westen von Páfos; sie sind mit dem Linienbus zu erreichen.

Wassersport kann vor allem von den großen Hotels aus betrieben werden; auch Tauchkurse und -exkursionen werden angeboten. 40–150 PS starke Motorboote für Selbstfahrer mit Pkw-Führerschein vermietet *Chris Speed Boats* am Hafen *(Tel. 99 69 90 41)*. Ebenfalls am Hafen starten Touren für Hochseeangler *(Tel. 99 42 10 44 | www.theangler-paphos.com)*. Bootsausflüge zur *Coral Bay* und zum *Lára Beach* werden am Hafen angeboten. Ein Golfplatz liegt 10 km außerhalb der Stadt südöstlich des Dorfs Tsáda. Deutsch- und englischsprachig geführte naturkundliche Wanderungen in der näheren und weiteren Umgebung bietet INSIDER TIPP *Ecologia Tours (S. 107)*.

Wo vor 2000 Jahren Pilger an Land gingen, herrscht heute entspanntes Tavernenleben

In den schicken Bars am Hafen von Pafós dürfen die Abende ruhig lang werden

## AM ABEND

### BOOGIES KARAOKE CLUB
Mutige singen hier selbst. Die Atmosphäre gleicht einer Casting-Show für jedermann. Im Hotelviertel. *Tgl. 21–4.15 Uhr | Ágios Antónios Street/Bar Street*

### DEMOKRITOS
Große Taverne mit folkloristischem Programm und gutem *mesé*. Im Hotelviertel. *Tgl. ab 20 Uhr | Ágios Antónios Street | €€*

### RAINBOW
Kellerdisko mit langer Tradition, klimatisiert. Gespielt wird vor allem Garage und House. Im Hotelviertel. *Tgl. ab 24 Uhr | Ágios Antónios Street 1 | €€*

## ÜBERNACHTEN

### AGÍI ANÁRGÝRI ● 😊 (134 B3) (*ᗘ B7*)
Im wie verwunschen wirkenden, engen grünen Tal von Agíi Anárgyri, knappe 20 km nördlich von Páfos, sprudelt seit alten Zeiten eine schwefelhaltige Quelle. Ihr heilkräftiges Wasser nutzt jetzt das hervorragend in die Landschaft eingepasste, unter Verwendung vieler Naturmaterialien errichtete Kur- und Wellnesshotel gleichen Namens, das auch Tagesgäste empfängt. In einigen der Hotelzimmer sprudelt das Mineralwasser sogar im Badezimmer aus dem Wasserhahn. *56 Zi. | Tel. 26 814 00 | www.aasparesort.com | €€€*

### ÁNEMI
Unterschiedlich, meist modern und stilvoll möblierte Studios und Apartments für bis zu vier Personen mit gut eingerichteten Küchenzeilen in zentraler Lage im Hotelviertel östlich des Hafens, nur wenige Minuten vom Nachtleben, zahlreichen Tavernen und dem Hafen entfernt. Großer Pool, Bar und Restaurant. *80 Apts. | Kikerónos Street | Tel. 26 94 56 66 | www.anemihotelcyprus. com | €€ – €€€*

### ANNABELLE
Luxushotel am Meer, nur einen Spaziergang vom Hafen entfernt. Kleiner Sandstrand, zwei Pools. *198 Zi. | Posi-*

dónos Street | Tel. 26 23 83 33 | www. thanoshotels.com | €€€

### INSIDER TIPP ▶ KINIRÁS

Kleánthis Gregoríou führt das romantische, schon 1922 gegründete Altstadthotel in fünfter Generation. Wie sein Vater Geórgios, der die vielen Gemälde an den Wänden geschaffen hat, spricht er perfekt Deutsch. Die komfortablen Zimmer sind mit Wandmalereien von Hotelgästen geschmückt. Im lauschigen Innenhof mit Palme, Araukarie, Mispel und anderen Bäumen werden zypriotische Spezialitäten von höchster Qualität serviert, z. B. ein unübertrefflich gutes *stifádo*. *18 Zi. | Archbishop Makários Avenue 91 | Tel. 26 94 16 04 | www.kiniras.cy.net | €€*

### PÝRAMOS

Im modernen Hotelviertel nahe dem Nachtleben, dennoch ruhig. *20 Zi. | Ágios Anastasías Street 28 | Tel. 26 93 51 61 | www.pyramos-hotel.com | €*

## AUSKUNFT

### CYPRUS TOURISM ORGANIZATION

*Im Flughafengebäude | zu allen Ankünften geöffnet | Tel. 26 00 73 68; Gladstone Street 3 | Ktíma | Tel. 26 93 28 41 und Piátsa (gegenüber Hotel Annabelle) | Tel. 26 93 05 21 | Káto Páfos*

## ZIELE IN DER UMGEBUNG

### ÁGIOS GEÓRGIOS (134 A4) (⌖ A7)

Rechts der Straße zu diesem Dorf, 20 km nordwestlich, liegt kurz hinter Coral Bay der 100 000 m² große *Páfos Bird Park (April–Sep. tgl. 9–20, Okt–März tgl. 9–17 Uhr | Eintritt 16 Euro | www. pafosbirdpark.com)*. In Ágios Geórgios sind in den Überresten von Basiliken Mosaike mit Darstellungen von Vögeln und Schildkröten erhalten *(Mo–Sa 10–16*

*Uhr | Eintritt 2 Euro)*. 500 m unterhalb des Dorfs liegt direkt am modernen Fischereischutzhafen ein kleiner Sandstrand mit Liegestuhlvermietung; beliebt sind Spaziergänge entlang der felsigen Küste.

### INSIDER TIPP ▶ ANÓGYRA (ANÓYIRA)
(135 D5) (⌖ C8)

Bei der Einfahrt in das 470 m hoch gelegene, sehr gepflegte und blumenreiche Dorf, 48 km östlich von Páfos, liegt rechts der Straße die mittelalterliche Kirche *Ágios Ioánnis Theológos* mit gut erhaltenen Klosterruinen *(frei zugänglich)*. Hauptsehenswürdigkeit ist die 3 km außerhalb gelegene, gut ausgeschilderte Olivenölmühle ☺ *Oleástro,* wo Sie zwischen November und Februar die Produktion beobachten können. Hergestellt wird hier ausschließlich organisches Olivenöl. Angeschlossen sind ein Olivenölmuseum mit großem Freigelände, ein kleiner Tierpark mit Gelegenheit zum Ponyreiten für Kinder, ein gutes Restaurant

## LOW BUDGET

▶ Parken in Páfos: Kostenlos ist der Parkplatz vor dem Archäologischen Park in Káto Páfos. Auf dem Parkplatz unterhalb der Markthalle von Ktíma zahlen Sie nur 1 Euro/Tag.

▶ Stadtrundfahrt zum Spartarif: Schon für ca. 5 Euro können Sie ganz Páfos und Umgebung per Linienbus kennenlernen. Bus Nr. 15 fährt die gesamte Küste entlang zwischen Geroskípou und Coral Bay. Von der Coral Bay fährt Bus Nr. 10 zur Markthalle, von dort Bus 10 oder 11 zurück zu den Küstenhotels.

und ein gut sortierter Souvenirshop *(tgl. 10–19 Uhr | Eintritt 3 Euro)*.

### BÄDER DER APHRODITE (LOUTRÁ TIS APHRODÍTIS) ★ (134 A2) (*m A6*)

Am Ende des kurzen, gepflasterten Pfads, der durch ein üppiges Bachtal führt, stehen Sie plötzlich vor einem winzigen Teich, der von einer Quelle in einer Felsgrotte gespeist wird. Ein Feigenbaum überschattet ihn, Farne und Blumen säumen das felsige Ufer. Der Legende nach war der idyllische Platz – rund 40 km nördlich von Páfos – bevorzugter Badeplatz der Göttin Aphrodite. Eines Tages überraschte sie hier der athenische Prinz Akamás. Zwischen beiden entspann sich eine Liebesgeschichte, die das Missfallen des Göttervaters Zeus erregte. Die Liebesgöttin musste auf irdische Freuden verzichten und auf den Götterberg Olymp zurückkehren. *Ständig frei zugänglich*

### CORAL BAY (134 A4) (*m A8*)

Auf einer Halbinsel zwischen zwei völlig verbauten und stets gut besuchten Sandstrandbuchten 13 km oberhalb von Páfos entdeckten Archäologen Spuren einer spätbronzezeitlichen Siedlung. Die 3200 Jahre alte Stadtmauer ist am besten zu erkennen. *Mo–Sa 10–16 Uhr | Eintritt 2 Euro*

### FELSEN DER APHRODITE ★ ☼
(134 D6) (*m C9*)

Vor der Kulisse einer lang gestreckten Steilküste liegen mehrere einsame Kiesstrände. Den westlichen Abschluss, etwa 22 km südöstlich von Páfos, bildet an der flach gewordenen Küste ein kleiner Strand, vor dem mehrere Felsen aus dem Meer aufragen. Eigentlich heißen sie „Felsen der Romäer", *Pétra tou Romioú,* aber die Touristikwerbung bezeichnet sie als Felsen der Aphrodite und behauptet, dass hier die Göttin Aphrodite dem Schaum des Meers entstiegen sei.

### GEROSKÍPOU (134 B5) (*m B8*)

Entlang der Hauptstraße wird eine Spezialität des Dorfs verkauft, *lukumia,* eine mit Puderzucker bestäubte, fruchtgeleeartige Masse, die wie ein Praliné gegessen wird. Auf dem weitläufigen Dorfplatz steht als Hauptsehenswürdigkeit des Dorfs die *Kirche der Agía Paraskeví.* Ihre einfachen, unbeholfen wirkenden Kuppeln lassen eine Entstehung im 9. oder 10. Jh. vermuten *(Mai–Okt. tgl. 8–13 und 14–17, Nov.–April tgl. 8–13 und 14–16 Uhr | Eintritt frei).* Nahe der Kirche steht ein *Folkloremuseum,* das u. a. zeigt, wie in Geroskípou noch bis zum Zweiten Weltkrieg Seidenraupen gezüchtet und Seide gewonnen wurde *(tgl. 8.30–16 Uhr | Eintritt 2 Euro). 3 km östlich von Páfos*

### KLOSTER ÁGIOS NEÓFYTOS ★
(134 B4) (*m B8*)

Am Hang des 613 m hohen Berges Chárta, 8 km im Norden von Páfos, steht am Ende eines grünen Tals eins der schönsten Klöster Zyperns. Es ist einem zypriotischen

An diesen Felsen soll Aphrodite dem Meer entstiegen sein – behauptet die Tourismuswerbung

Heiligen geweiht, der hier 1159 eine Einsiedelei gegründet hatte, die bald viele fromme Männer anlockte. Sie lebten in Felsenhöhlen, die ausgemalt wurden. Zwei von ihnen zeigen Neófytos selbst. Einmal steht er zwischen zwei Engeln, ein anderes Mal kniet er vor dem Thron Christi, neben dem auch Maria und Johannes stehen. Die Ursprünge der heutigen Klostergebäude reichen bis ins 15. Jh. zurück. *April–Okt. tgl. 9–13 u. 14–18, Nov.–März tgl. 9–13 u. 14–16 Uhr | Eintritt 0,85 Euro*

### KLOSTER PANAGÍA CHRYSORROGIÁTISSA ☼
(134 C4) (*Ⓜ C7*)

Das Kloster aus dem 12. Jh. liegt hoch über einem Tal in den westlichen Ausläufern des Tróodos beim Dorf *Páno Panagiá*, 36 km nordöstlich von Páfos. Im Zentrum des engen Klosterhofs steht die Kirche mit einer als wundertätig angesehenen Marienikone, die der Legende nach vom Evangelisten Lukas gemalt wurde. *Ständig frei zugänglich*

### KOÚKLIA (PALAIÁ PÁFOS)
(134 C6) (*Ⓜ B9*)

Auf einem flachen Plateau über der Küstenebene 15 km östlich von Páfos stand in der Antike das bedeutendste Aphrodite-Heiligtum Zyperns. Es bestand aus einem abgeschlossenen Hof, in dem die Göttin in Form eines großen, dunklen Steins verehrt wurde. In römischer Zeit entstand am Eingang zum Heiligtum ein großer Hof, der von Säulenhallen umgeben war, von denen noch Mosaikreste und Grundmauern zu sehen sind. Neben den Ausgrabungen steht der *Gutshof Covocle*, heute *Museum*. Darin sehen Sie u. a. einen Stein, der vielleicht das Kultobjekt im Heiligtum war. Beeindruckendstes Objekt ist ein 2007 entdeckter INSIDER TIPP ▶ Sarkophag aus klassischer Zeit, der auf allen Außenseiten bemalte Reliefs trägt. Sie zeigen einen Löwen, der ein Wildschwein angreift, einen Soldaten, der einen verwundeten Kameraden auf den Schultern trägt, und eine Kampfszene zwischen Odysseus und Diomedes.

Im Latsí-Hafen sichert eine kleine Flotte den Nachschub für die Fischtavernen von Pólis

Weltweit einzigartig ist die Szene, in der sich Odysseus und drei seiner Gefährten unter Widder geschnallt haben, um dem Riesen Polyphem zu entkommen. Der Gutshof stammt in seiner heutigen Form aus türkischer Zeit. Eine gotische Halle weist jedoch darauf hin, dass hier in fränkischer Zeit die Zuckerrohrplantagen der Könige von Zypern verwaltet wurden. *Fr–Mi 9–16, Do 8–17 Uhr | Eintritt 3,40 Euro*

**INSIDER TIPP ▶ LÉMBA** (134 B5) *(ⓜ A8)*
In Lémba, 7 km von Páfos im Norden gelegen, arbeiten Maler, Bildhauer und Töpfer. Nahe der Straße von Lémba zum Meer sind die Ausgrabung einer bronzezeitlichen Siedlung und die Rekonstruktion dieses über 4500 Jahre alten Dorfes zu sehen. *Frei zugänglich*

### PÁNO PANAGIÁ (PANAYIÁ)
(135 D4) *(ⓜ C7)*
In dem Weinbauerndorf in 800 m Höhe, runde 37 km in nordöstlicher Richtung von Páfos gelegen, wurde Erzbischof

Makários geboren. Am Platz mit seinem Denkmal erinnert ein kleines *Museum (tgl. 9–13 und 14–16 Uhr | Eintritt ca. 0,50 Euro)* an sein Wirken. Hier erhalten Sie auch den Schlüssel zu seinem ärmlichen Geburtshaus.

### PÓLIS (134 B2) *(ⓜ B6)*
Pólis ist von allen größeren Urlaubsorten Südzyperns der ländlichste. Von Páfos aus fahren Sie etwa 35 km in Richtung Norden. Kleine Apartmenthäuser und Hotels zwischen viel Grün bestimmen das Bild, das größte, gut in die Umgebung eingepasste Hotel der Region ist zugleich auch das luxuriöseste und teuerste ganz Zyperns: das *Anássa (183 Zi. | Néo Chorió | Tel. 26 88 80 00 | www. thanoshotels.com | €€€)*. Eine preisgünstige Apartmentanlage mitten im Städtchen ist das familiär geführte *Hotel Mariéla (64 Zi. | Arsinoe Street 3 | Tel. 26 33 23 09 | www.mariela-hotel.com | €)*. Der Strand reicht bei Pólis vom Eukalyptuswald am Campingplatz bis zum Fischereihafen Latsí mit der exzellenten

Fischtaverne *Yiángos & Peter* direkt am Kai *(tgl. ab 9 Uhr | €€)*. Bestes Restaurant ist das *Archontaríki (tgl. ab 12.30 Uhr | €€)* neben dem *Archäologischen Museum (Markaríou Street 26 | Di, Mi, Fr 8–15, Do 8–17, Sa 9–15 Uhr | Eintritt 2 Euro)*, in dem Funde von der antiken Stadt Márion an gleicher Stelle zeugen. Zentrum des abendlichen Lebens bildet die nur 250 m lange Fußgängerzone Ortes mit ihren Cafébars und Tavernen. Besonders kommunikationsfördernd ist das seriöse Pub *Costas Corner* mit sehr gut Englisch sprechenden Wirtsleuten *(tgl. ab 10 Uhr | Gríva Digéni Street 6 | €)*. Die relativ flache Umgebung ist gut für Radtouren geeignet; das Wassersportangebot ist groß.

### STAVRÓS TIS PSÓKAS ●
(135 D2) *(ⅅ C6)*

Mitten in der Waldeinsamkeit des westlichen Tróodos, über 40 km von Páfos im Norden, findet sich eine Station der staatlichen Forstverwaltung. Das Kaffeehaus ist Restaurant und Gemischtwarenhandlung in einem. Unmittelbar darunter kann jeder, der Holzkohle und Fleisch mitgebracht hat, auf einem schattigen Grillplatz ein zünftiges Picknick veranstalten. In einem Gehege leben einige Mufflons.

### TAL DER ZEDERN (CEDAR VALLEY)
(135 D3) *(ⅅ C6–7)*

Zypern war noch in der Antike von Zedernwäldern bedeckt. Später fielen die Bäume dem Schiffs- und Hausbau wie der Holzkohlengewinnung zum Opfer. Die Briten begannen in den 1930er-Jahren mit der Wiederaufforstung, sodass hier nun über 30 000 meist stattliche Exemplare stehen. Den besten Blick über das Tal der Zedern gewinnen Sie, wenn Sie den ausgeschilderten ❄ Wanderweg, ein paar Kilometer östlich von Stavrós tis Psókas, auf den 1362 m hohen Berg Tripilos wenigstens eine halbe Stunde bergan gehen.

# BÜCHER & FILME

▶ **Cypern. Orient und Okzident** – Johannes Zeilinger hat Texte von 30 Autoren aus zwei Jahrtausenden zusammengefasst. Auf 346 Seiten wird ein buntes Bild der Insel entworfen. Zu Wort kommen Griechen, Türken, Araber, Juden, Franzosen, Engländer, Spanier, Schweden und Deutsche.

▶ **Bittere Limonen** – ein Klassiker. Der britische Romancier Lawrence Durrell schildert seine Zypernerfahrungen aus den 1950er-Jahren poetisch und humorvoll.

▶ **Ausgerechnet Zypern** – Diesen aktuellen Nordzypernkrimi hat Heinz Herbert als Book on Demand publiziert, bestellbar über *www.amazon.de* oder *www.nordzypern-insider.net*

▶ **Exodus** – Der Roman von Leon Uris ist das große Epos um die Gründung des Staates Israel. Es spielt zum Teil auch auf Zypern und wurde von Otto Preminger mit Paul Newman in der Hauptrolle verfilmt (1960). Als DVD ist der Film nur auf Englisch erhältlich. Andere Spielfilme, die Zypern zum Thema haben, gibt es nicht.

▶ **DVD** – Ein 42-minütiger Reisebericht über Zypern ist 2006 in der Reihe „On Tour" bei DuMont erschienen.

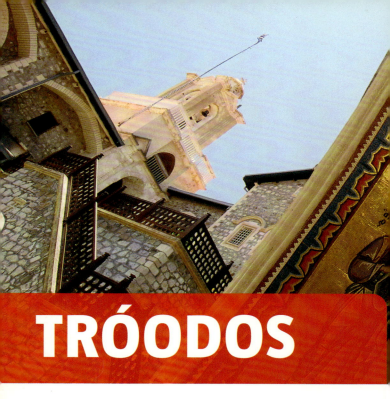

# TRÓODOS

In den vielen Dörfern des Tróodos-Gebirges erleben Sie das ursprüngliche Zypern am intensivsten. Sie bummeln durch oft blumenreiche Gassen, kommen in urig-einfachen Kaffeehäusern an Dorfplätzen mit Einheimischen ins Gespräch. Das Essen und die Tavernen sind ländlich-rustikal, in vielen kleinen Pensionen und Hotels ist die Gästebetreuung noch sehr persönlich.

Einzigartig sind die zum Unesco-Weltkulturerbe erhobenen Scheunendachkirchen, deren Schlüsselverwahrer ihr Gotteshaus extra für Sie aufschließen. In weltabgeschiedenen Klöstern erleben Sie orthodoxe Frömmigkeit. Durch Weingärten und Wälder fahren Sie auf zwar kurvenreichen, aber guten Straßen auch in die entlegensten Regionen. Vielerorts

sind Wanderwege markiert, die Sie der Natur ganz nahe bringen. Weinkellereien stehen für Besichtigungen offen – und der Fernblick ist meist grandios. Von vielen Gipfeln aus blicken Sie sogar bis zum Meer und weit über die Mesaória-Ebene, auf deren anderer Seite das Kerýneia-Gebirge die Nordküste flankiert. Vielleicht haben Sie Glück und sehen Gänsegeier hoch in den Lüften kreisen, auf jeden Fall werden Sie in heißen Sommern die angenehme Frische in Höhenlagen bis zu fast 2000 m genießen.

Die Menschen im Tróodos leben nur zu einem geringen Teil vom Fremdenverkehr. Wenn sie nicht in den Küstenstädten arbeiten und täglich pendeln, ernähren sie sich zumeist von Wein- und Obstanbau und Viehzucht. Der Bergbau,

Bild: Kloster Kýkko

## Berge und Klöster: Das Gebirge um den Ólympos, den höchsten Berg der Insel, ist voller malerischer Überraschungen

der noch bis vor wenigen Jahren im Tróodos eine bedeutende Rolle spielte – es wurde vor allem Chrom und Asbest abgebaut –, ist allerdings inzwischen zum Erliegen gekommen.

SEHENSWERTE ORTE

### INSIDER TIPP AGÍA MÁVRA
(135 F4) (*D8*)

An der schmalen Straße von *Péra Pédi* nach *Koiláni* wachsen in einer kleinen Schlucht die höchsten Platanen ganz Zyperns. Hier steht über einem kräftig sprudelnden Quell seit dem 15. Jh. das Kirchlein *Agía Mávra* mit einigen Fresken aus dem 17. Jh. Gläubige haben darin zahlreiche Votivgaben aus Wachs deponiert: Nachbildungen von Babys oder Erwachsenen und von einzelnen Körperteilen.

### AGRÓS (136 B2) (*E7*)

Das große Hangdorf im Osten des Tróodos liegt auf 1000 m Höhe in einem weiten Hochtal. Im Mai blühen hier un-

Gestern wie heute Refugium der hitzegeplagten Städter: das 600 m hoch gelegene Galáta

zählige Rosen, aus deren Blütenblättern Rosenwasser destilliert wird. Die *Destillerie Tsolákis (an der Hauptstraße beim Hospital ausgeschildert | Besichtigung und Einkauf tgl. Sonnenauf- bis -untergang | www.rose-tsolakis.com)* stellt auch Rosenlikör und -wein, Rosenkosmetika und -parfum her. An der Hauptstraße produziert die *Metzgerei Kafkália* das ganze Jahr über *lúndsa,* eine zyprische Variante des Pökelfleischs, den Rinderschinken *pastúrma* und geräucherte Schweinswürste. Rechts oberhalb des Wegs zwischen Hauptstraße und Rosenwasser-Destille können Sie in einer namenlosen Manufaktur zuschauen, wie Obst und Gemüse der Saison als Dessert und Süßspeise für die Kaffeetafel in Zuckersirup eingelegt werden.

### GALÁTA (135 F3) (*ω E6*)

Galáta liegt im Solea-Tal am Nordhang des Tróodos zwischen Obstbäumen und schlanken Pappeln auf gut 600 m Höhe. Schon im Mittelalter kamen venezianische und byzantinische Edelleute gern an heißen Sommertagen hierher, heute ist Galáta eins der Dörfer, in denen sich die hitzegeplagte Stadtbevölkerung aus Nicosia abends und an Wochenenden aufhält. Im Dorf stehen einige alte Häuser aus dem 19. Jh., darunter die restaurierte Karawanserei *Hani Kalliana* unmittelbar an der Durchgangsstraße. Zudem besitzt Galáta vier byzantinische Scheunendachkirchen, von denen zwei wegen ihrer Wandmalereien und ihrer fotogenen Umgebung unbedingt einen Besuch lohnen: *Panagía Podíthu* und *Archángelos.* Nach den Kirchenschlüsseln können Sie im großen Kaffeehaus an der Platía fragen.

Die Panagía Podíthu wurde im Jahr 1502 als Kirche eines jetzt spurlos verschwundenen Klosters erbaut. Ihr Freskenschmuck verrät den Einfluss der italienischen Renaissance. Der Auftraggeber für diese Malereien war ein fränkischer Offizier, der sich offenbar einen Künstler aussuchte, der nach seinem Geschmack malte.

Die viel kleinere, nur wenige Schritte entfernt gelegene *Kirche der Erzengel* (Archángeli) aus dem Jahr 1514 besitzt Wandmalereien in einem rustikalen, gar nicht von der Renaissance beeinflussten Stil, obwohl auch hier der Stifter ein fränkischer Edelmann war. Er ist mit seiner Familie unterhalb des thronenden Christus dargestellt.

### KAKOPETRIÁ ★ (135 F3) *(ⱭⱭ E7)*

Das moderne Dorf, dessen Name übersetzt „Schlechter Fels" bedeutet, schließt sich unmittelbar oberhalb an Galáta an und ist viel stärker noch als jenes eine viel besuchte Sommerfrische. Der historische Ortskern, der unter Denkmalschutz steht, ist auf einen lang gestreckten Fels zwischen zwei Bachbetten in einem engen Tal auf etwa 700 m Höhe erbaut. Am besten gehen Sie die Hauptgasse entlang, an der zumeist ältere Frauen Kräuter und andere Naturprodukte der Insel verkaufen, setzen sich für ein paar Minuten auf den Balkon des kleinen *Kafenío Serenity (€)* am winzigen Dorfplatz oder in die Taverne und Bar *Pandóchio Línos (€€)* in uralten Dorfhäusern, wo die Stille des alten Dorfs am eindrucksvollsten ist. Sehenswert ist auch die alte Wassermühle neben dem auffälligen Hotel *Mílos/Mill*.

Etwa 5 km außerhalb von Kakopetriá ist ein Juwel der byzantinischen Kunst zu finden: die Kirche *Ágios Nikólaos tis Stégis* aus dem 11. Jh. *(Di–Sa 9–16, So 11–16 Uhr | Eintritt frei).* Ihre Wandmalereien gehören zu den Meisterwerken des Mittelalters, stammen aus verschiedenen Jahrhunderten und veranschaulichen unterschiedliche Stilrichtungen.

### KALOPANAGIÓTIS (135 E3) *(ⱭⱭ D7)*

Das an einem steilen Hang erbaute Dorf liegt in etwa 750 m Höhe im unteren Marathássa-Tal oberhalb eines kleinen Stausees. Kommt man aus Richtung Pedoulás, liegt gleich am Ortsanfang links der Hauptstraße eine **INSIDER TIPP** *dschudschúko*-Manufaktur. Hier wird das ganze Jahr über jene süße zypriotische Spezialität hergestellt, die überall im Land auf Märkten und an Straßenständen verkauft wird. Mandeln oder Walnüsse werden auf Bindfäden gezogen, die an dreifingrigen Astgabeln befestigt sind. Sie werden in mehreren Gängen in kochenden Traubenmost getaucht und dann auf der Terrasse der Manufaktur sehr fotogen zum Trocknen aufgehängt. Die historische Sehenswürdigkeit ist das Kloster *Ágios Giánnis Lampadistís (Mo–Sa 8–12 und 13.30–17 Uhr | Eintritt frei)* im Bachtal unterhalb des Dorfs. Es birgt wertvolle Fresken, die vorwiegend aus dem 13. und 15. Jh. stammen. In den ehemaligen Klosterzellen wurden liebevoll alte landwirtschaftliche Geräte wie

---

★ **Kakopetriá**
Denkmalgeschütztes Dorf zwischen zwei rauschenden Bächen
→ S. 79

★ **Kloster Kýkko**
Unermesslicher Reichtum bis zum heutigen Tag dank Marienikone → S. 80

★ **Ómodos**
Ein Bilderbuchdorf mit schöner Platía im Gebirge → S. 82

★ **Tróodos**
Zu Fuß die Natur kennenlernen
→ S. 83

**MARCO POLO HIGHLIGHTS**

eine Öl- und eine Weinpresse installiert. Unmittelbar hinter dem Kloster werden in einem modernen Museum wertvolle Ikonen des Klosters präsentiert.

### KLOSTER KÝKKO ⭐ (135 D3) (*D7*)

Kýkko ist Zyperns berühmtestes Kloster. Weitab von jedem Dorf liegt es 1140 m hoch einsam am Hang des gleichnamigen Bergrückens. Hinter seinem strengen Äußeren verbergen sich zwei Innenhöfe mit leichten Arkaden und prachtvollen Mosaiken auf Goldgrund, die Kirche, die um 1995 vollständig ausgemalt worden ist, sowie ein hochmodernes, prachtvoll wie ein Palast gestaltetes *Museum* mit Kunstschätzen von unermesslichem Wert. Sämtliche Klostergebäude, nach einem Brand 1813 neu gebaut, sind sehr gepflegt.

Das wichtigste Kultobjekt im Kloster ist eine Marienikone, die der Evangelist Lukas auf ein Holzbrett malte, das ihm von einem Erzengel dafür gegeben worden war. Die Ikone, die heute an der Ikonostase hängt und mit Silber und Gold bedeckt ist, hat viele Wunder bewirkt, sagt man. Insbesondere soll sie ganzen Landstrichen, die unter Trockenheit zu leiden hatten, den lang ersehnten Regen gebracht haben. Zum Dank dafür wurde das Kloster immer wieder beschenkt und gelangte so zu Reichtum. Ihm gehören Hotels und Industriebetriebe sowie viele Ländereien auf Zypern; um das Kloster herum stehen hotelähnliche Pilgerherbergen, zahlreiche vom Kloster verpachtete Souvenirstände sowie ein klostereigenes Restaurant. Wer seine Sehnsüchte lieber der Natur als einer Ikone anvertrauen möchte, darf sie übrigens einem ● *Wunschbaum* im Kloster zustecken.

Kýkko ist aber nicht nur ein religiöses, sondern auch ein nationales Wallfahrtsziel der griechischen Zyprioten. In der Nähe des Klosters hatte General Grivas, der Führer des Befreiungskampfs gegen die Briten, sein Hauptquartier aufgeschlagen. Die Mönche unterstützten ihn nachhaltig. Zugleich war einer der ihren, nämlich Erzbischof Makários, der geistige Führer der Freiheitsbewegung. Makários wurde nahe dem Kloster bestattet. Eine gute Asphaltstraße führt hinauf auf den 2 km entfernten Berg Throní, wo Soldaten an seinem Grab Ehrenwache halten. In der Nähe von Makários Grabs finden Sie eine kleine Kapelle mit einer modernen Mosaikikone der Gottesmutter von Kýkko. *Kloster und Grab tagsüber zugänglich | Eintritt frei (Klostermuseum 3 Euro)*

### KLOSTER TROODÍTISSA
(135 E4) (*D7*)

Anders als Kýkko wirkt das Kloster Troodítissa sehr bescheiden. Seine Mönche widmen sich nicht der Wirtschaft und

Auf dem Ólympos: Keine Götter weit und breit, aber immerhin ein sagenhafter Ausblick

Politik, sondern dem Apfelanbau und der Viehzucht. In der Klosterkirche von 1731 hängt eine mit Silberblech beschlagene Ikone der Gottesmutter. Sie ist das Pilgerziel vieler Frauen, die sich schon lange ein Kind wünschen. *Nichtorthodoxe haben keinen Zutritt zum Kloster*

### KOILÁNI (135 E3) (*m D8*)
Koiláni war bis 1974 ein gemischt von Moslems und Christen bewohntes Dorf. Davon zeugt noch die kleine Moschee in unmittelbarer Nähe zur Kirche. Im Dorf gibt es mehrere Weinkellereien, die tagsüber besichtigt werden können.

### LAGOUDERÁ (136 B1–2) (*m E7*)
Am Rand des stillen Bergdorfs im östlichen Tróodos steht die besonders schöne Kirche der *Panagía tu Aráku.* Der überkuppelte Bau aus dem späten 12. Jh. wurde in der Kreuzritterzeit zusätzlich mit dem für den Tróodos typischen Scheunendach geschützt, das hier fast bis auf den Boden

reicht. Die Fresken im Innern wurden um 1200 von einem Meister aus Konstantinopel geschaffen. Sie beeindrucken durch die Würde und Ausdrucksstärke ihrer Figuren.
Den Schlüssel zur Kirche verwahrt der Dorfpriester, der entweder im ehemaligen Klostertrakt neben der Kirche oder in einem Kaffeehaus zu finden ist. *Eintritt frei | Postkartenkauf wird erwartet*

### ÓLYMPOS (135 E–F3) (*m D7*)
Zyperns höchster Berg, der 1951 m hohe Ólympos, ist in weiten Teilen der Insel oft gut zu erkennen: Weiße Radarkuppeln des britischen Militärs und Sendemasten des zypriotischen Fernsehens markieren seinen Doppelgipfel. Dieser Nutzung wegen ist das gesamte Gipfelareal seit 1999 für Zivilisten gesperrt. Die Wegweiser zum Gipfel stehen zwar noch; ihnen zu folgen lohnt aber nur noch im Winter, um die Schlepplifte und Skipisten am Hang des Olymps zu erreichen.

Friedlich, aber umtriebig: Im Weindorf Ómodos herrscht eine besondere Atmosphäre

## ÓMODOS ⭐ (135 E4) (𝄞 D8)

Das Weinbauerndorf am Berghang gegenüber von Páno Plátres ist besonders stimmungsvoll. Die große, gepflasterte, von vielen Cafés flankierte Platía ist einer der schönsten Dorfplätze Zyperns; auch für den Souvenirkauf ist Ómodos eine gute Adresse. Schauen Sie mal in den Laden des Glasbläsers in der Gasse zur Weinpresse! Mittelpunkt von Ómodos ist das nicht mehr bewohnte *Kloster Stavrós* am unteren Ende der Platía. In der Klosterkirche werden die Schädelreliquie des Apostels Philipp sowie Splitter vom Kreuz und Reste von den Fesselstricken Christi verwahrt.

Verlassen Sie das Kloster durch die Nordtür, gelangen Sie auf die Hauptgasse, die Sie an Souvenirgeschäften und zur Besichtigung offen stehenden, traditionell eingerichteten Wohnhäusern vorbei zur mittelalterlichen Weinpresse *Línos* führt *(tagsüber geöffnet | Eintritt frei)*. Daneben kann in einem anderen alten Gewölbe Wein verkostet und gekauft werden. Auch die Weinkellerei *Olympus* am Dorfrand steht Besuchern *(Mo–Fr 10–16 Uhr)* offen.

## PÁNO PLÁTRES (135 E4) (𝄞 D7)

Die Sommerfrische in 1100 m Höhe ist mit vielen Hotels und Tavernen touristisches Zentrum des Tróodos-Gebirges. Im Hochsommer und während der Skisaison im Januar und Februar herrscht reger Betrieb. Für Ausflüge in andere Teile des Gebirges ist Páno Plátres ein guter Standort; Sehenswürdigkeiten gibt es aber nicht.

## INSIDER TIPP ▸ PÁNO PÝRGOS
(135 D1) (𝄞 C5)

Fahren Sie vom Kýkko-Kloster an die Nordküste, lohnt sich der Abstecher in das weltabgeschiedene Dorf, dessen Bewohner in der Umgebung noch Dutzende von Holzkohlenmeilern betreiben. Wer ein wenig umherwandert, kann die verschiedenen Stadien der Holzkohlegewinnung hautnah erleben.

## PEDOULÁS (135 E3) (𝄞 D7)

Das Dorf nahe dem Olymp ist das Zentrum des zyprischen Kirschenanbaus. Die kleine Scheunendachkirche *Ágios Michaíl* nahe der weithin sichtbaren Hauptkirche birgt rustikale Wandmalereien von 1474.

Mittelalterliche und nachbyzantinische Ikonen finden Sie im gegenüber liegenden *Ikonenmuseum* in dem klassizistischen Gebäude der früheren Dorfschule *(April–Okt. tgl. 9.30–13 und 14–18, Nov.–März tgl. 9.30–13 und 14–17 Uhr | Eintritt frei)*.

### PHÍNI (FOÍNI) (135 E4) (*M* D7)

Das große Bergdorf war lange ein Töpfereizentrum Zyperns. Heute sind nur noch zwei kleine Keramikwerkstätten in Betrieb. Sehr sehenswert ist das private *Pivlákion Folk Museum* mit großer Keramiksammlung *(an der Dorfstraße ausgeschildert | wenn geschlossen, im nächsten Kaffeehaus fragen | Eintritt 1,50 Euro)*.

### STAVRÓS TOU AGIASMÁTI
### (136 B1) (*M* E7)

Im östlichen Tróodos steht inmitten der bewaldeten Berge das einsame Scheunendachkirchlein *Stavrós tou Agiasmáti*. Haben Sie zuvor den Schlüsselverwahrer in einem der Kaffeehäuser des 4 km entfernten Dorfs Platanistássa abgeholt, können Sie auch den Freskenschmuck innen betrachten. Beachten Sie die Malereien in einer Mauernische in der linken Kirchenwand aus dem 15. Jh. Sie zeigen die Bekehrung von Kaiser Konstantin zum Christentum und die Auffindung des wahren Kreuzes Christi durch seine Mutter He-

lena. Der Schlüsselverwahrer zeigt Ihnen auch den Ansatz eines mit roten Punkten markierten Pfads, über den Sie in ca. 3–4 Stunden überwiegend durch Wald zum Dorf Lagouderá *(S. 81)* wandern können.

### TRÓODOS ⭐ (135 F3–4) (*M* D7)

In 1700 m Höhe ist dicht unterhalb des Ólympos ein kleines Ferienzentrum entstanden. Mehrere Tavernen, ein Hotel, ein Campingplatz, ein Reitstall mit Mietpferden und eine Tennisanlage stehen zur Verfügung. Das *Tróodos Visitors Centre (tgl. 10–16 Uhr | Eintritt 1 Euro)* informiert u. a. mit einem 10-minütigen Videofilm über Flora und Geologie des Gebirges; auf dem angeschlossenen 250 m langem Lehrpfad lernen Sie Pflanzen und Gesteinsformationen kennen. Im Winter können Sie am Weg von Tróodos auf den Ólympos sogar Skier ausleihen.

In Tróodos beginnt ein sehr gut markierter und in 1700 m Höhe nahezu eben verlaufender 🌿 Naturlehrpfad. Er führt fast ganz um den Olymp herum, macht mit Pflanzen und geologischen Erscheinungen bekannt und bietet viele schöne Ausblicke. Er ist 12 km lang und mündet an der Straße von Pródromos nach Tróodos, auf der man die restlichen 4 km zurückwandern kann. Die Wanderung ist nicht anstrengend und auch in Sportschuhen leicht zu meistern.

# ZYPERNS TIERWELT

In den Wäldern des Tróodos lebt als einziges größeres Säugetier heute das zypriotische Wildschaf, das Mufflon. Außer auf Briefmarken werden Sie es jedoch bestenfalls im Gehege von *Stavrós tis Psókas* sehen. So sind die zahlreichen Flamingos, die im Winter in den Salzseen von Lárnaka und Akrotíri stehen, die auffälligsten Tiere der Insel. Im Gebirge sind gelegentlich noch Mönchsgeier, Habichte, Adlerbussarde, Wander-, Turm- und Eleonorenfalken zu sehen. Schlangen begegnet man nur selten.

### VOUNÍ (135 E5) (*D8*)

Dieses besonders geschlossen wirkende, große Bergdorf besitzt noch sehr viel alte Bausubstanz und ist äußerst fotogen. Es steht in seiner Gesamtheit unter Denkmalschutz. Ländlich wohnen und exzellent zypriotisch speisen können hier Sie in dem alten Dorfhaus **INSIDER TIPP** *I Lófou (6 Zi. | Tel. 25 47 02 02 | www.cyprus-living.co.uk | €)* mit seinem schönen Innenhof.

### ESSEN & TRINKEN

Besonders viele Restaurants finden Sie in den Orten Kakopetriá, Páno Plátres und Tróodos; essen können Sie aber auch am Kloster Kýkko, in Ómodos und Pedoulás, in Pródromos und Agrós. Weitere Lokale liegen an den Hauptstraßen durchs Gebirge.

### AGÍA MÁVRI (135 E4) (*D8*)

Die moderne Taverne gegenüber der Kapelle Agía Mávri bei Koiláni ist überwiegend an Wochenenden und im August gut von Einheimischen besucht. Sie kommen vor allem hierher, um das üppige *mesé* und die XXL-Schweinekoteletts zu genießen. *Tgl. ab 12 Uhr | an der Straße zwischen Péra Pedí und Koiláni | €€*

### INSIDER TIPP BYZÁNTIO
(135 E3) (*D7*)

In der Taverne am Kreisverkehr des höchstgelegenen zypriotischen Dorfs ist jeden Mittag ein großes, leckeres Spezialitätenbüffet (13 Euro) aufgebaut, Wirt Cháris spricht Deutsch. *Tgl. ab 11 Uhr | Pródromos | €*

### HARRY'S SPRING WATER
(135 E3) (*D7*)

Die alte und sehr einfache Taverne an einer Nebenstraße von Pródromos nach Pedoulás ist vor allem für mutige Esser ein guter Tipp. Außer allen gängigen Gerichten werden hier zumindest an Wochenenden auch gegrillte Lammköpfe, Lammleber und das gepökelte Ziegenfleisch *tsamarélla* serviert. *Tgl. ab 12 Uhr | Pedoulás | €*

### MÍLOS/MILL ☆ (135 F3) (*E7*)

Das Restaurant im Obergeschoss des architektonisch einmaligen *Mill Hotel* gehört zu den besten Zyperns; Tischreservierung ist ratsam. Besonders lecker ist die (auf Wunsch bereits entgrätete!) **INSIDER TIPP** Lachsforelle mit Olivenöl-Zitronen-Knoblauch-Sauce. *Tgl. ab 12 Uhr | Kakopetriá | Tel. 22 92 25 36 | www.cymillhotel.com | €€*

## DIE IKONE ALS BAUHERRIN

Wie so viele Klostergründungen auf Zypern soll auch die von Troodítissa auf die wundersame Aufforderung durch eine Ikone zurückgehen. Einsiedler hatten das Marienbildnis vor 1000 Jahren in einer Höhle gefunden und begannen am Fundort sogleich, für die Ikone eine Kapelle zu errichten. Was sie am Tag geschaffen hatten, war morgens immer wieder eingestürzt; die Ikone verschwand mehrmals und wurde von den Männern immer an der gleichen Stelle, einem Brunnen am Standort des heutigen Klosters, wiedergefunden. Da wurde ihnen klar, wo Maria ihre Kirche gebaut haben wollte. Das Wunder lockte andere fromme Männer an; die Mönchsgemeinschaft entstand.

**SAINT ANTONIO** (135 E4) (*m D7*)
Sonntags Lunchbüffet, abends *mesé* – stets leckeres zypriotisches und internationales Essen à la carte und hausge-

Mopeds sind hier nachts nicht zu hören, für Geräusche sorgt nur ein sprudelnder Bach. *Kakopetriá | Tel. 22 92 31 61 | www. linos-inn.com.cy | €€ – €€€*

Hort guten Mokkas und heiterer Gelassenheit: traditionelle Kaffeehäuser wie in Vouní

machte Kuchen. *Tgl. ab 10 Uhr | Makários Street 3 | Páno Plátres | €€*

### ÜBERNACHTEN

**FOREST PARK** (135 E4) (*m D7*)
Bestes Hotel im Gebirge. Englische Atmosphäre. Pool unter Bäumen und Hallenbad. Verlangen Sie unbedingt ein Zimmer im Neubau! *137 Zi. | Páno Plátres | Tel. 25 42 17 51 | www.forestparkhotel.com. cy | €€€*

**JUBILEE** (135 F3) (*m D7*)
Hotel auf 1757 m Höhe oberhalb des Ortes Tróodos an der Straße zum Ólympos. Nostalgiker schätzen die einfache Kolonialatmosphäre, mancher Reisender vermisst moderne Anlagen im Bad. *37 Zi. | Tel. 25 42 01 07 | www.jubileehotel.com | €€*

**INSIDER TIPP** ▶ **PANDOCHÍON LÍNOS**
(135 F3) (*m E7*)
22 traditionell eingerichtete Zimmer, z. T. mit Whirlpool, in Natursteinhäusern im denkmalgeschützten Dorfteil. Autos und

**PENDELI** (135 E4) (*m D7*)
Gut ausgestattetes Hotel mit Pool im Zentrum. *81 Zi. | Páno Plátres | Tel. 25 42 17 36 | www.pendelihotel.com | €€€*

**PETIT PALAIS** (135 E4) (*m D7*)
Modernes, viergeschossiges Hotel im Ortszentrum. Die ☼ Zimmer in den beiden oberen Geschossen bieten guten Gebirgsblick. Schöne Caféterrasse. *32 Zi. | Páno Plátres | Tel. 25 42 27 23 | www. petitpalaishotel.com | € – €€*

**RODON** (136 B2) (*m E7*)
Modernes Hotel mit Pool in exponierter Lage hoch über dem Dorf. Im Hochsommer organisiert die Hotelleitung geführte Wanderungen und andere Aktivitäten zum Kennenlernen der Region. *155 Zi. | Agrós | Tel. 25 52 12 01 | http:// rodonhotel.com | €€*

### AUSKUNFT

**CYPRUS TOURISM ORGANIZATION**
*Am Dorfplatz Páno Plátres | Tel. 25 42 13 16*

# NORDZYPERN

**Der Nordteil der Insel ist mindestens so schön wie der Süden. Aber zwischen Juli 1974 und Mai 2004 konnte man ihn von Südzypern aus bestenfalls auf kurzen Tagesausflügen erkunden.**

Wer einen Urlaub in Nordzypern verbringen wollte, musste eine umständliche Anreise mit Zwischenlandung in der Türkei auf sich nehmen, die mindestens sieben Stunden dauerte. Das hat sich durch den EU-Beitritt Südzyperns im Mai 2004 grundlegend geändert. Jetzt darf jeder überall auf Zypern seine Ferien verbringen. Noch aber verlangen die griechischen Zyprioten, dass man über Südzypern, die Flughäfen Lárnaka und Páfos, einreist.

Nordzyperns Landschaft wird vom Kerýneia-Gebirge geprägt, das sich bis über 1000 m hoch an der Nordküste entlangzieht und weitgehend alpinen Charakter mit schroffen Felshängen und bizarren Gipfelknollen hat. Auf der Karpass-Halbinsel geht es in sanfte Hügellandschaft über, in die viele kleine, grüne Täler eingebettet sind. Im äußersten Westen hat Nordzypern auch noch Anteil an den Ausläufern des Tróodos-Gebirges – und die weite Mesaória-Ebene im Inselzentrum gehört fast zur Hälfte zum Norden. Neben Nordnicosia sind Kerýneia und Famagusta die einzigen Städte Nordzyperns. Sonst ist der Nordteil der Insel überwiegend ländlich geprägt. Allerdings wird seit 2004 sehr viel gebaut. Riesige Urbanisationen, oft von erschreckender Eintönigkeit, erstrecken sich schon von Lapta bis Esentepe entlang der

**Aus dem Dornröschenschlaf erwacht: Lange hinkte Nordzypern touristisch dem Süden hinterher. Jetzt gibt es dort viel zu entdecken**

Nordküste und greifen von Famagusta bis über Bogaz hinaus an der Ostküste um sich. In diesen Abschnitten stehen auch fast alle Ferienhotels Nordzyperns. Ursprünglich geblieben ist hingegen die Karpass-Halbinsel. Dort gibt es nur wenige, zumeist einfache Hotels.

# FAMAGUSTA

(139 E2) (*LL5–6*) **Famagusta (Grie-chisch: Ammóchostos, 30 000 Ew.) war** **bis 1974 der bedeutendste Hafen der Insel. Hier konzentrierten sich nahezu alle Hotels Zyperns.**

Im Mittelalter war Famagusta noch vor Nicosia die bedeutendste Stadt der Insel. Im 14. Jh. hatte sie über 70 000 Einwohner. Über ihren Hafen wurde der Handel mit Vorderasien und Nordafrika abgewickelt, der Famagusta enormen Wohlstand einbrachte. Seine adligen Bewohner waren sehr reich und stifteten zahlreiche große Kirchen, deren Ruinen noch heute stehen. Sie bilden einen

# FAMAGUSTA

reizvollen Kontrast zur teilweise schön restaurierten Altstadt und zu den Minaretten, die einige christliche Gotteshäuser bei der Umwandlung in Moscheen bekamen.

### KIRCHE ÁGIOS GEÓRGIOS

Die einstige orthodoxe Kathedrale Famagustas wurde im 15. Jh. im gotischen,

reich auf Zypern so sehr, dass man mit dem Bau einer zweiten Kathedrale in Famagusta begann, die in 28 Jahren fertiggestellt war und gleichzeitig mit der Sophienkathedrale in Nicosia 1326 geweiht wurde. Sie ist im Stil der Gotik erbaut; ihre prächtige Westfassade erinnert an die gotischen Kathedralen Frankreichs. Nur ein angebautes Minarett verrät, dass die Kirche 1571 in eine Moschee umgewandelt wurde. Links vor

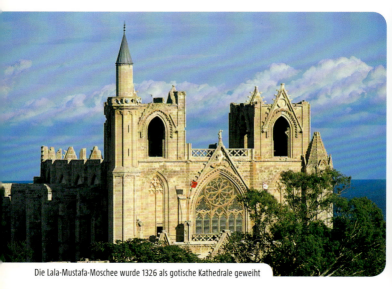
Die Lala-Mustafa-Moschee wurde 1326 als gotische Kathedrale geweiht

ganz nach außen gewandten Stil erbaut. An ihre Südwand angelehnt ist eine kleinere Kirche im typisch byzantinischen, viel stärker nach innen gekehrten Stil. *Frei zugänglich | M. Ersu Sok.*

### LALA-MUSTAFA-MOSCHEE ★

Gut 90 Jahre nach dem Baubeginn an der gotischen Kathedrale von Nicosia und kurz nach der Vertreibung der letzten Kreuzritter aus dem Heiligen Land prosperierte das fränkische König-

der Moschee steht eine Sykomore, ein ● Maulbeerfeigenbaum, der genauso alt wie der Bau sein soll. Und in dessen Schatten Sie ganz umsonst das Kommen und Gehen vor dem Gotteshaus betrachten können. *Frei zugänglich*

### LANDTOR & STADTMAUERN

Das mächtige Tor ist Teil der von den Venezianern 1565 fertig gestellten Stadtbefestigungen, die Sie von der Bastion aus gut überblicken können. Die Stärke der 3500 m langen Stadtmauer erreicht 7 m, ihre größte Höhe beträgt 18 m. Das Landtor heißt auf Türkisch *Akkule* („Weißer Turm"), denn 1571 hissten hier die Venezianer als Zeichen der Kapitulation die erste weiße Fahne.

### OTHELLO-TURM

Den Hafen von Famagusta sicherte im Mittelalter eine Zitadelle, die in die Stadtmauern integriert war. Man nennt sie seit der britischen Kolonialzeit den Othello-Turm, weil Shakespeares Tragödie ja auf Zypern spielt und diese kleine Burg am besten als Schauplatz der Ermordung von Othellos Gattin Desdemona vorstellbar ist. *Mai–Sept. tgl. 9–19, Okt.–April tgl. 9–13 und 14–16.45 Uhr | Eintritt 7 YTL | Cengiz Topel*

### PALAZZO DEL PROVVEDITORE

Die hoch aufragenden Ruinen des venezianischen Statthalterpalasts umschließen heute einen kleinen Park mit einem schlichten Café. Dem Café gegenüber führen Stufen hinauf ins *Namik-Kemal-Museum.* Es erinnert an einen 1840 geborenen türkischen Dichter, der hier wegen kritischer Verse vier Jahre lang gefangen gehalten wurde *(tagsüber geöffnet | Eintritt frei).*

### VARÓSHA ●

Varósha war bis 1974 das Touristenzentrum der Insel. Heute ist es eine Geisterstadt, denn die griechisch-zyprische Bevölkerung dieses Stadtteils musste fliehen. An Hochhäusern mit Einschusslöchern stehen noch 1974 aufgestellte Baukräne, in den Supermärkten schimmeln die Lebensmittel seit über 35 Jahren vor sich hin. Außer einem türkischen Offizierscasino gibt es kein einziges bewohntes Gebäude in Varósha, das durch einen Stacheldrahtzaun vom übrigen Famagusta abgetrennt ist. Den traurigen

Anblick können Sie vom Strand vor dem Hotel Palm Beach am besten erleben.

## ESSEN & TRINKEN

**INSIDER TIPP CYPRUS HOUSE**

Sehr gute regionale Küche im Ambiente eines Dorfhauses der 1930er-Jahre. Schöner Garten mit antiken Säulenkapitellen. *Tgl. 12–23 Uhr | Polat Pasha Bulvarı | Tel. 3 66 48 45 | €€*

### D & B

Modernstes Restaurant in der Altstadt. Pizza, Pasta, Salate, Steaks, Kebabs. *Tgl. ab 10 Uhr | Namek Kemal Maydani 14 | €*

---

**MARCO POLO HIGHLIGHTS**

★ **Lala-Mustafa-Moschee**
Famagustas Hauptmoschee wurde einst als christliche Kathedrale gebaut → S. 88

★ **Golden Beach**
Viel Strand, goldener Sand, menschenleer → S. 91

★ **Sálamis**
Antike Stadt mit großem Theater und ein ausgedehntes Gräberfeld → S. 92

★ **Hafen von Kerýneia**
Fischtavernen, Boote und eine Burg vor bizarrer Bergkulisse → S. 94

★ **Bellapaís/Beylerbeyi**
Eine gotische Abtei am grünen Hang des Kerýneia-Gebirges → S. 95

★ **Sankt Hilárion**
Kreuzritterburg mit Meerblick → S. 97

# FAMAGUSTA

### GINKGO
Schick und modern eingerichtetes Restaurant in einem Kolonialbau neben der Kathedrale; auch gutes Suppenangebot. *Tgl. ab 11 Uhr | Liman Yolu 1 | €–€€*

### PETEK PASTANESI
Die beste Konditorei in der Altstadt. Außer türkischem Kuchen gibt es auch kleine Snacks. *Tgl. 9–20 Uhr | Yesil Deniz Sok. 1 | €*

## SPORT & STRÄNDE

Der ● Strand am Hotel Palm Beach ist frei zugänglich. Fahren Sie zum Baden besser an den langen, ebenfalls kostenfreien ● Sandstrand vor den Ausgrabungen von Sálamis, wo auch Wassersport betrieben wird.

## AM ABEND

Mit Hilfe der EU ist in der *Palace Street,* die an der Lala-Mustafa-Moschee beginnt, ein trendiges Szeneviertel mit Lounges und Bars in alten Markt- und Lagerhallen entstanden.

## ÜBERNACHTEN

### PALM BEACH
Einziges First-Class-Hotel der Stadt, direkt am Strand und an der Grenze zu Varósha. Großer Pool, Diskothek, Wassersportstation. *108 Zi. | Deve Limani | Tel. 3 66 20 00 | www. northernpalmbeach.com | €€€*

### PORTOFINO
Modernes Hotel in der Neustadt. Große klimatisierte Zimmer; auf dem Dach gibt es ein ☀ Barrestaurant mit Altstadtblick. *52 Zi. | Fevzi Çakmak Bulvarı 9 | Tel. 3 66 43 92 | www.porto finohotel-cyprus.com | €*

## AUSKUNFT

### GAZIMAGUSA TURIZM
*Fevzi Çakmak Bulvarı | Tel. 3 66 28 64*

## ZIELE IN DER UMGEBUNG

### ÁGIOS FÝLON/APHENDRÍKA
(133 E2) (*∅ O2*)
Nur 4 km nördlich von Dipkarpaz/Rizokárpaso, runde 90 km von Famagusta entfernt, steht direkt am Meer die Kreuzkuppelkirche *Ágios Phyllon.* Sie wurde im 11. Jh. auf den Grundmauern einer Basilika erbaut. Die einfache ● Taverne *Oasis at Ayfilon (Tel. 0 5 33 8 68 55 91 | www.oasishotelkarpas.com | €)* serviert stets frischen Fisch und vermietet sechs schlichte Zimmer direkt am Meer.
300 m westlich erstreckt sich ein 600 m langer, völlig schattenloser Feinsandstrand sichelförmig entlang einer Bucht. Weitere gute Sandstrände liegen nahe der 7 km langen Piste zur antiken Stadt Aphendríka, von der nur drei Kirchenruinen erhalten geblieben sind.

### DIPKARPAZ (RIZOKÁRPASO)
(133 D2) (*∅ O2*)
Im Hauptort der Karpass-Halbinsel leben immer noch türkische und griechische Zyprioten zusammen. Hier gibt es einen orthodoxen Priester und eine griechische Grund- und Mittelschule. Die Häuser des Dorfs sind weit über ein grünes Tal zwischen niedrigen Hügeln verstreut. Die eigenartige Atmosphäre bekommen Sie am besten mit, wenn Sie sich für eine Weile ins griechische Kaffeehaus setzen *(13–17 Uhr geschl.).* Gut wohnen können Sie am oberen Dorfrand in den Bungalows *Karpaz Arch Houses (12 Apts. | Tel. 3 72 20 09 | www.karpazarchhouses.com | €).* Sehr gut essen Sie gleich nebenan im INSIDER TIPP ▶ *Restaurant Manolyam (tgl. ab 18 Uhr | €).*

Mächtige Kreuzritterburg mit prächtiger Aussicht: Von Kantára blicken Sie bis Famagusta

### ENKOMI-ALASIA (139 D2) (🗺 L5)

Fast ein Jahrtausend lang lebten zwischen 2000 und 1075 v. Chr. Menschen in dieser bronzezeitlichen Siedlung, ca. 8 km nordwestlich von Famagusta bei Tuzla/Enkomi. Enkomi war ein Zentrum der Kupferverhüttung. Von hier stammt der berühmte „Gehörnte Gott", der im Zypern-Museum von Nicosia steht. Vor Ort zu erkennen sind nur das rechtwinklige Straßennetz sowie die Grundmauern von Heiligtümern, Häusern und einem Palast. *Mai–Sept. tgl. 8–19, Okt.–April tgl. 8–13 und 14.30–17 Uhr | Eintritt 5 YTL*

### GOLDEN BEACH ⭐ (133 E2) (🗺 P2)

Der „Goldene Strand" liegt gute 100 km von Famagusta fast an der östlichen Spitze der Karpass-Halbinsel. Er ist über 3 km lang und mehrere hundert Meter breit und am Rand mit hohen, zum Teil spärlich bewachsenen Dünen besetzt. Außer in den Monaten Juli und August ist er weitgehend menschenleer, aber selbst im Hochsommer bleibt noch viel Platz für die Meeresschildkröten der Art *Caretta*

*caretta,* die hier ihre Eier ablegen. Im ganzen weitläufigen Strandgebiet gibt es nur vier Tavernen, die im Hochsommer rund um die Uhr geöffnet sind. Das nächste Hotel mit etwas mehr Komfort liegt 15 km weiter in Richtung Dipkarpaz: das *Blue Sea (12 Zi. | Tel. 3 72 23 93 | €€)*. Der Wirt nimmt Gäste auch mit zum Fischen hinaus.

### INSIDER TIPP ▶ KANTÁRA ☼
(133 E4) (🗺 L3)

Von der einstigen Kreuzritterburg auf 630 m Höhe am östlichen Rand des Keryneia-Gebirges aus genießen Sie einen prächtigen Blick auf die Karpass-Halbinsel im Osten und die Bucht von Famagusta im Süden. Bei klarer Sicht ist sogar der Berg Stavrovoúni bei Lárnaka zu sehen. *Mai–Sept. tgl. 10–17, Okt.–April tgl. 9–13 und 14.30–6.45 Uhr | Eintritt 5 YTL*

### KLOSTER APÓSTOLOS ANDRÉAS
(133 F1) (🗺 P1)

Seit dem 23. April 2003 – jenem Tag, an dem griechische Zyprioten erstmals seit

Kopflos, aber beeindruckend antik: in der Palästra von Sálamis

1974 wieder nach Nordzypern reisen durften – ist das äußerlich erschreckend stark heruntergekommene Kloster an der Spitze der Karpass-Halbinsel wieder zu einem

bedeutenden Wallfahrtsziel der zypriotischen Christen geworden. Der Apostel Andréas bewirkte hier auf einer seiner Schiffsreisen im 1. Jh. ein Wunder: Das Trinkwasser an Bord war ausgegangen, der Kapitän schon erblindet. Der Apostel wies die Besatzung an, mit dem Schwert gegen einen Fels zu schlagen – und da sprudelte tatsächlich eine Quelle. Auf einer späteren Reise hinterließ der Kapitän an dieser Stelle eine Ikone mit dem Bildnis des Apostels, die zur Keimzelle eines Klosters wurde. Die heutige Kirche stammt von 1867. Vor dem Kloster stehen vor allem an Wochenenden zahlreiche Straßenhändler, die neben allerlei Tand auch Modeschmuck und Nüsse anbieten. *Frei zugänglich*

### KLOSTER BARNABÁS (MONÍ APÓSTOLOU VARNÁVA)

(139 D2) (*L5*)

Der Apostel Barnabas, Begleiter des hl. Paulus auf dessen Missionsreise durch Zypern, soll – so die Legende – in Sálamis ermordet worden sein. Über dem Grab des Apostels steht heute eine kleine moderne Kapelle etwa 100 m unterhalb des vermutlich im 5. Jh. gegründeten Barnabás-Klosters, 8 km nördlich Famagustas. Dessen Kirche stammt ursprünglich aus dem 10. Jh., wurde im 18. Jh. jedoch umgebaut. Im Kloster selbst befindet sich heute ein kleines *Archäologisches Museum*; in der großen Klosterkirche sind Ikonen ausgestellt. *Mai–Sept. tgl. 9–19, Okt.–April tgl. 8–17.30 Uhr | Eintritt 7 YTL inkl. Königsgräber*

### SÁLAMIS ★ (139 E2) (*L5*)

Den besten Überblick über die Ausdehnung des antiken Sálamis nördlich von Famagusta gewinnen Sie von den oberen Rängen des römischen Amphitheaters, das 15 000 Zuschauern Platz bot. Eindrucksvoll sind auch die Säulen und

Fußböden der römisch-frühchristlichen Palästra, in der eine antike Gemeinschaftslatrine mit Platz für 44 Besucher gut erhalten blieb. Auf dem Ausgrabungsgelände liegen außerdem die Gemäuer zweier frühchristlicher Basiliken und eines antiken Zeus-Tempels. Außerhalb des umzäunten Stadtgeländes fallen links der Straße zum Kloster Barnabás merkwürdige Erdhügel auf. Sie markieren die antike Nekropole, deren Gräber anders als die Ruinen der Stadt nicht aus römischer Zeit stammen, sondern schon aus dem 7. und 6. Jh. v. Chr. *Mai–Sept. tgl. 9–19, Okt.–April tgl. 9–16.45 Uhr | Eintritt Ausgrabungen 9 YTL, Gräber 7 YTL inkl. Barnabás-Kloster*

### YENIERENKÖY (AIGIÁLOUSA)
(132 B3) (*N2*)

Der große Binnenort, vor 1974 ein Zentrum der zypriotischen Tabakverarbeitung, lockt mit sehr guten Sandstränden in seiner näheren Umgebung entlang der Straße nach Dipkarpaz. 60 km sind es von Famagusta bis hierher. Touristisch gut erschlossen sind der *Halk Plaj* und der *Malibu Beach* in Stadtnähe. Noch völlig einsam ist der Dünengürtel 7 km östlich von Ágios Thýrsos. In dessen Nähe liegt das INSIDER TIPP *Hotel Balci Plaza*, das zurzeit beste Hotel der Karpass-Halbinsel (*12 Zi. | Tel. 0 53 38 62 93 03 | Skype: balciplaza | www.balciplaza.com | €€*).

# KERÝNEIA/ GIRNE

(131 D–E2) (*G4*) **Nur 25 km, das heißt 25 Autominuten von Nicosia entfernt liegt jenseits der schmalen Kette des Kerýneia-Gebirges Zyperns schönste Stadt (8000 Ew.). Auf Türkisch heißt sie heute Girne.**

Ihr Zentrum ist das kleine, fast kreisrunde Hafenbecken aus venezianischer Zeit. Das Ufer säumen Cafés und Restaurants, dahinter erheben sich jahrhundertealte Häuser. Eine mächtige Festung nimmt eine Seite des Hafens ein. Innerhalb der Altstadt ragen ein Kirchturm und ein Minarett auf. Gleich hinter dem Ort steigt die Landschaft steil zum Gebirge an. Die alpin anmutenden Gipfel des Pendedáktilos sind ein berauschender Anblick. Die schmale Ebene entlang der Nordküste steht voller Zitronen- und Orangenbäume. Ganz in der Nähe von Kerýneia liegt am Hang des Gebirges das Dorf Bellapaís mit der Ruine einer gotischen Abtei. Ein Abstecher von der nach Nicosia führenden Straße bringt Tagesausflügler zur Kreuzritterburg Sankt Hilárion.

## SEHENSWERTES

### BURG
Die den Hafen dominierende Burg wurde in byzantinischer Zeit angelegt und dann

# LOW BUDGET

▶ Die Tavernen am Golden Beach vermieten auch sehr einfache Strandhütten, in denen man am besten in einem eigenen Schlafsack schläft. Man zahlt dafür ab etwa 30 Euro/Nacht. *Big Sand | Tel. 0 53 38 65 34 88, Hasan's Turtle Beach | Tel. 0 53 38 64 10 63, Burhan's Place | Tel. 0 53 38 64 10 63 | www.burhansgoldenbeach.com*

▶ In Kerýneia/Girne isst man auf dem Markt am Rande der Altstadt sehr günstig, z. B. *Adana Kebab* im *Café de Paris* für nur 5 Euro.

von Franken und Venezianern erweitert und zeitgenössischer Militärtechnik angeglichen. Von den Mauern aus haben Sie den schönsten Blick über Kerýneia und die Berge. *Mai–Sept. tgl. 9–20, Okt.–April tgl. 9–16.45 Uhr | Eintritt 12,50 YTL*

### HAFEN ⭐

Im schönen Hafen von Kerýneia haben schon Schiffe der Byzantiner und der Venezianer gelegen. Mitten in der Hafeneinfahrt erkennen Sie die Ruinen eines Turms, von dem aus im Mittelalter zum Schutz vor unerwünschten Gästen eine Kette zum heutigen Zollhaus hinübergespannt werden konnte.

### SCHIFFSWRACK-MUSEUM

Vor 2300 Jahren sank vor der Küste Kerýneias ein Handelsschiff, dessen Wrack und Ladung Archäologen vom Meeresgrund bargen. Das Schiff war über 4 m breit und mehr als 14 m lang. Aus der Ladung ließ sich die Route seiner letzten Fahrt erschließen. Die 400 Weinamphoren stammen von Samos und Kos. Außerdem hatte man 29 steinerne Getreidemühlen und 9000 Mandeln geladen, die bis heute erhalten blieben. Die Funde sind jetzt im Museum in der Burg zu sehen. *Mai–Sept. tgl. 9–20, Okt.–April tgl. 9–16.45 Uhr | Eintritt im Burgeintritt inbegriffen*

## ESSEN & TRINKEN

Wer für einen Tag nach Kerýneia kommt, isst am Hafen am stimmungsvollsten. Zahlreiche Tavernen gibt es auch in der Stadt und an den Nachbarbuchten.

### BRASSERIE

Dieses Edelrestaurant eines britisch-italienischen Ehepaars residiert in einer alten Kolonialstilvilla mit Terrasse gegenüber der Altstadt-Moschee. *Tgl. 12–15 und ab 19 Uhr | Efeler Sok. 2 | €€€*

### O PSARÁS ÁPO TO ZYGÍ/CANLI BALIK

Ein türkischer Zypriote, der vor 1974 als Fischer im südzyprischen Zygí lebte, führt

Blick über die Festung auf den schönen Hafen von Kerýneia

jetzt das Fischrestaurant am Hafen, dessen griechischer Name „Der Fischer aus Zygí" bedeutet. Der hier servierte Fisch ist garantiert fangfrisch. *Tgl. 11–24 Uhr | Hafenpromenade | €€*

## SPORT & STRÄNDE

In Kerýneia gibt es keine Strände, sondern nur einige Einstiegsmöglichkeiten ins Meer von der Felsküste aus. Zum Baden fahren Sie mit Ihrem Mietwagen, dem Linienbus oder einem Taxi zu benachbarten Buchten: *Acapulco Beach* (10 km östlich), *Lara Beach* (12 km östlich) oder *Deniz Kizi Beach* (8 km westlich).

Einen schönen Tag auf dem Meer mit mehreren Badegelegenheiten verspricht eine Tagestour vom Hafen aus mit dem einem Piratenschiff nach empfundenen hölzernen Motorsegler ● „Barbarossa", einer sogenannten *Gület (ca. 20 Euro)*.

## AM ABEND

Die 13 Kasinos bieten Glücksspiel, Shows und andere Unterhaltungsprogramme. Diskotheken finden Sie in mehreren Hotels, u. a. im Hotel *Dome* direkt am Meer. Das stimmungsvollste Pub in der Altstadt ist die *Horseshoe Bar (tgl. ab 19 Uhr | Canbulat Sok.)*.

## ÜBERNACHTEN

Hotels stehen nicht nur im Stadtbereich, sondern auch in kleinen Dörfern am Hang des Kerýneia-Gebirges und entlang der Küste vor allem in Richtung Westen.

### INSIDER TIPP COURTYARD INN

Anlage mit viel Grün und kleinem Pool im Innenhof, 2 km östlich vom Stadtzentrum. Sie können wählen zwischen vier klimatisierten Hotelzimmern und vier Bungalows mit Kochnische. Im Restaurant mit gemütlichem Pub-Tresen wird zypriotische, europäische und indopakistanische Küche serviert. *Karakórum/Karakum | an der Straße von Kerýneia nach Bellapaís | Tel. 8153343 | www.courtyard-inn-cyprus.com | €*

### DOME

Das Luxushotel aus den 1930er-Jahren bietet modernisierten, klassisch-gediegenen Charme, eine Felsterrasse mit Pool direkt am Meer sowie Spielkasino und eine Diskothek. *160 Zi. | Kordon Boyu | Tel. 8252453 | www.domehotelcyprus.com | €€*

### INSIDER TIPP WHITE PEARL

Im einzigen Hotel direkt am Hafen können Sie aus sieben der zehn Zimmer einen Rundum-Hafenblick genießen. Freundliche, familiäre Atmosphäre, Dachgartencafé. *Eftal Akca Sokaki 23 | Tel. 8150429 | www.whitepearlhotel.com | €€*

## AUSKUNFT

### GIRNE MARINA TURIZM OFISI

*Am Hafen | Tel. 8152145*

## ZIELE IN DER UMGEBUNG

### BESPARMAK (PENDADÁKTYLOS)

(131 F2–3) (*H4*)

Die Hauptstraße von Kerýneia nach Famagusta führt am 740 m hohen, sehr markanten Fünffingerberg vorbei. Auf der Passhöhe überrascht die ganz aus Holz errichtete Taverne INSIDER TIPP *Besparmak-Buffavento (tgl. ab 9 Uhr | €)* mit folkloristisch-geschmackvoller Einrichtung und exzellentem Kebab und Kléftiko.

### BELLAPAÍS/BEYLERBEYI ★

(131 E2) (*G4*)

Das schöne Bergdorf südlich von Kerýneia, vor 1974 von griechischen Zyprioten bewohnt, kann sich der romantischsten Ruine des Landes rühmen. Augustinermönche gründeten hier 1205 eine Abtei, die schnell Reichtum erlangte. Die prächtigen Spitzbögen des ehemaligen Kreuzgangs zeugen ebenso davon wie das große, intakt gebliebene Refektorium und die Kellerräume im Baustil der Gotik. Eine Besichtigung dauert 30 Minuten *(Sommer tgl. 9–20, Winter tgl. 9–16.45 Uhr | Eintritt 9 YTL)*. Des berauschenden Ausblicks wegen lohnt der Besuch des ✲ *Restaurants Kybele (tgl. ab 10 Uhr | €€)*, obwohl die Küche eher nur durchschnittlich ist. Gut wohnen können Sie am obersten Dorfrand in Bungalows inmitten eines üppigen Gartens mit Pool-Terrasse im *Ambélia Tourist Village (60 Zi. | Tel. 8153655 | www.cyprus-ambelia.com | €)*.

### GEMIKONAĞI (SÓLI) (135 E1) (⌂ D5)
54 km von Keryneia in südwestlicher Richtung sind die Reste eines Theaters und einer frühchristlichen Basilika der von Athener Siedlern um 600 v. Chr. gegründeten Stadt erhalten. Sóli lebte bis ins 4. Jh. vor allem vom Kupferabbau. Der Mosaikfußboden der Basilika zeigt sehr schöne Tierdarstellungen *(Mai–Sept.* *tgl. 9–19, Okt.–April tgl. 9–16.45 Uhr | Eintritt 7 YTL)*. Das moderne, an der Uferstraße gelegene Hotel *Soli Inn (23 Zi. | Tel. 7277341 | €)* samt Pool ist gut für eine Zwischenübernachtung am Meer geeignet. Exzellent speisen können Sie direkt am Ufer im Restaurant **INSIDER TIPP** *Mardin (tgl. ab 10 Uhr | €)* 500 m östlich der Ausgrabungen.

### GÜZELYURT (MORFOU)
(130 B4) (⌂ E5)
Die Kleinstadt inmitten von Orangenhainen, 41 km im Südwesten Keryneias, ist äußerst ländlich geprägt und recht langweilig. Sehenswert sind das kleine *Archäologische Museum* mit einer Statue der vielbrüstigen Göttin Artemis aus römischer Zeit *(Mai–Sept. tgl. 9–18.30, Okt.–April tgl. 9–16.30 Uhr | Eintritt 7 YTL)* und die benachbarte Kirche *Ágios Mámas* aus dem 18. Jh. mit einem Sarkophag, der die Gebeine des frühchristlichen zypriotischen Heiligen bergen soll *(Schlüssel im Museum)*.

### **INSIDER TIPP** LEFKE (LÉFKA)
(135 E1) (⌂ D6)
Diese kleine, vom Tourismus nahezu unbeachtete Universitätsstadt liegt

# VERWIRRENDE VIELFALT

Wie alle Orte Zyperns haben auch die nordzypriotischen Städte und Dörfer einen griechischen Namen. Viele von ihnen trugen auch schon vor 1974 türkische Namen, seit 1974 haben sie alle einen. Famagusta schließlich ist der venezianisch-englische Name der Stadt, die auf Griechisch Ammóchostos und auf Türkisch Gazimağusa heißt. Auf griechisch-zypriotischen Inselkarten werden meist nur die griechischen Ortsnamen genannt, auf den türkisch-zypriotischen wiederum nur die türkischen. In diesem MARCO POLO Reiseführer werden beide genannt. Vor Ort finden Sie auf Orts- und Hinweisschildern meist nur die türkischen, im Zuge der neuen Reisefreiheit manchmal aber bereits auch wieder zusätzlich die griechischen Bezeichnungen.

ganz besonders schön in den Ausläufern des Tróodos-Gebirges zwischen üppigem Grün und hohen Dattelpalmen – runde 55 km südwestlich von Kerýneia entfernt. Hier stehen noch etliche traditionelle türkische Häuser mit den typischen hölzernen Erkern. Eines davon dient jetzt als stimmungsvolles *Hotel Lefke Gardens (21 Zi. | Tel. 7 28 82 23 | www. lefkegardenshotel.com | €)*.

## SANKT HILÁRION ★ ☀
(131 D2) (ℳ G4)

Von den Gipfeln des Kerýneia-Gebirges aus reicht der Blick an klaren Tagen bis zur türkischen Küste. Schon die Byzantiner hatten deshalb auf einigen Bergen Wehrburgen erbaut, um die See zwischen Zypern und Kleinasien zu überwachen. Die Burg Ágios Hilárion südlich Kerýneias ist die größte und am besten

Alles vom Feinsten: In Karaman erhalten ausländische Hausbesitzer die alte Bausubstanz

## INSIDER TIPP ▸ KARAMAN (KÁRMI)
(131 D2) (ℳ G4)

Das bis 1974 rein griechisch-zypriotische Dorf, 10 km von Kerýneia in südwestlicher Richtung, wird heute überwiegend von Ausländern bewohnt, die die alte griechische Bausubstanz bestens erhalten haben. An der Kirche steht sogar noch eine rote Telefonzelle aus kolonialen Zeiten. Kleine Restaurants und Bars locken abends und an Wochenenden Ausflügler von weither, auch Ferienhäuser werden im nahezu autofreien Ort vermietet *(www.karmi.de)*.

erhaltene. *März–Sept. tgl. 9–18, Okt.–April tgl. 9–16.30 Uhr | Eintritt 7 YTL*

## VOÚNI (135 E1) (ℳ D5)

Auf dem ☀ Gipfelplateau eines 255 m hohen Hügels, von Kerýneia aus 59 km Richtung Südwesten, legten Archäologen 1928/29 die Reste eines Palasts frei, der von etwa 500–380 v. Chr. bewohnt war. Über drei Ebenen waren 140 Räume und eine Thermalbadeanlage verteilt. Wer hier residierte, weiß man nicht. *Mai–Sept. tgl. 10–17, Okt.–April tgl. 9–16.45 Uhr | Eintritt 5 YTL*

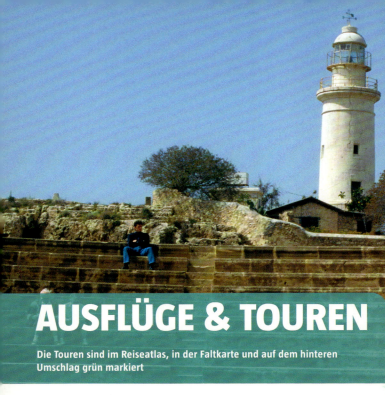

# AUSFLÜGE & TOUREN

Die Touren sind im Reiseatlas, in der Faltkarte und auf dem hinteren Umschlag grün markiert

## 1 EIN TAG IM TRÓODOS-GEBIRGE

**Zyperns ganze Vielfalt erschließt sich denjenigen, die mindestens einen Tag im Gebirge verbringen. Sie werden stille Dörfer, schöne Täler, einzigartige Kirchen und Klöster erleben und die würzige Waldluft genießen. Länge der Rundfahrt ab/bis Limassol: ca. 175 km. Zeitbedarf etwa 10–12 Stunden.**

Zunächst geht es über die Autobahnausfahrt 28 auf der Höhe von Limassol auf der gut ausgebauten Landstraße in die Berge hinein. Die Wegweiser zeigen nach Plátres. Die beiden Stauseen **Polemídia Dam** und **Koúris Dam** werden passiert, in denen Sie angeln, aber nicht schwimmen dürfen. Beide Seen versorgen vor allem die ausgedehnten Plantagen westlich von Limassol mit Wasser. Einen kurzen Abstecher lohnen die beiden Dörfer Monágri links und Lánia rechts der Hauptstraße. Nach **Monágri** lockt die besonders schöne Dorfkirche. **Laniá** wiederum ist ein stilles Dorf mit sehr vielen aufwendig restaurierten alten Dorfhäusern, in denen auch einige Künstler und Kunsthandwerker leben und arbeiten.

Auf der Hauptstraße geht es dann weiter dem Ólympos entgegen, den Sie voraus schon deutlich erkennen können. Kurz hinter dem Ort **Trimiklíni** gabelt sich die Straße dann. Fahren Sie zunächst in Richtung Nicosia weiter und dann auf der Passhöhe links in Richtung Tróodos

Bild: im Archäologischen Park von Páfos

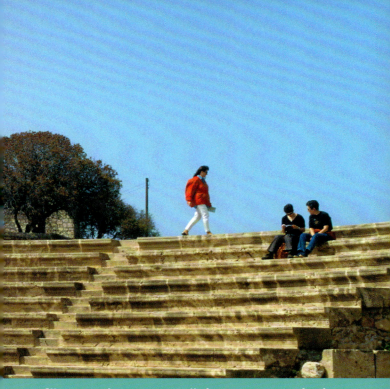

## Tag für Tag ein neues Stück Zypern entdecken: Heute die Heimat Aphrodites, morgen den Olymp und übermorgen den Goldenen Strand

weiter, kommen Sie an dem riesigen **Tagebaugelände** vorbei, in dem noch bis in die 1980er-Jahre Asbest abgebaut wurde. Das gigantische Hanggelände wird inzwischen sehr langsam wieder aufgeforstet, bleibt aber wohl noch lange eine in die schöne Landschaft geschlagene Wunde. Reste asbesthaltigen Gesteins finden Sie auch direkt am Straßenrand: dunkle Gesteinsbrocken sind von hellen Asbestbändern durchzogen. Die Straße führt nun kurvenreich an verschiedenen Picknickplätzen vorbei

durch schütteren Wald weiter bergan. Charakteristische Pflanzen sind hier vor allem **Steineiche**, **Schwarzkiefer** und **Erdbeerbaum**. Steineichen sehen ganz anders aus als mitteleuropäische Eichen: Sie erkennen sie eigentlich erst, wenn Sie anhalten und Eicheln unter Bäumen entdecken. Ältere Schwarzkiefern sind leicht daran zu identifizieren, dass ihre schweren Äste sich würdevoll abwärts neigen. Erdbeerbäume haben markante rote, ganz glatte und scheinbar rindenlose Stämme.

Auf 1700 m Höhe ist der Weiler **Tróodos → S. 83** erreicht. Hier können Sie in erfrischend kühler Luft nicht nur gut einen Kaffee oder Tee trinken, sondern sich auch an mehreren offenen Ständen mit Pekan- und Walnüssen aus dem Tróodos sowie regionalem Trockenobst als Marschverpflegung eindecken.

Der Ólympos soll jetzt vollständig umfahren werden. Dazu geht es zunächst in das für seine leckeren Äpfel gerühmte **Pródromos → S. 84,** von dort in den Luftkurort **Páno Plátres → S. 82.** Hier lohnt für Süßigkeitenfans ein Besuch der kleinen **Schokoladenmanufaktur** direkt an der Dorfstraße. Die Rohmasse wird aus Belgien bezogen, die vielfältigen Füllungen der Pralinés sind Eigenkreationen der Betreiber.

Gut sitzen Sie im Weinbauerndorf **Ómodos → S. 82.** Nach einem Besuch im örtlichen Kloster und einem Bummel durch die romantischen Gassen ist der Kaffee auf dem schönsten Dorfplatz der Insel ein ganz besonderer Genuss. Auch geschmackvolle Souvenirs lassen sich hier leicht finden.

Die Rückfahrt von Ómodos an die Küste gerät noch einmal zu einem großartigen Landschafts- und Naturerlebnis, wenn Sie durch **INSIDERTIPP** das Flusstal des **Diarízos** hinunterfahren. Gleich zu Beginn passieren Sie dabei das große Dorf **Ágios Nikólaos,** dessen Moschee von der türkisch-zypriotischen Besiedlung bis 1974 zeugt. Die Vorfahren seiner heutigen Bewohner hatten bis dahin in der Umgebung von Mórphou/Güzelyürt im heutigen Nordzypern gelebt und dort Orangen angebaut. Für ihre neue Zuflucht mussten sie danach zu Weinbauern umgeschult werden.

In dem Tal liegen mehrere verlassene oder nur noch von einem Viehzüchterpaar bewohnte, ehemals türkisch-zypriotische Dörfer; große Schaf- und Ziegen-

herden ziehen über die grünen Hänge. 2 km westlich von **Koúklia → S. 73** kehren Sie dann auf die alte Küstenstraße zurück.

## 2 RUND UM DEN ÓLYMPOS WANDERN

Rund um den Gipfel des höchsten Inselbergs führt in 1700 m Höhe der ● 〽 *Atalanta Trail,* ein fast ebener und bestens markierter Naturlehrpfad. Start und Ziel ist der Ort Tróodos, in dem Sie Ihren Mietwagen parken können. Länge der Wanderung: 12 km, Wasser und Verpflegung nicht vergessen!

Der **Atalanta Trail** präsentiert sich als 1–3 m breiter, gut gepflegter und markierter Wanderweg, der viel Schatten bietet. Am Weg sind vereinzelt Sitzbänke aufgestellt. Er beginnt im Weiler **Tróodos → S. 83** an der oberen Straßengabelung. Unterwegs eröffnen sich Ihnen immer neue Ausblicke über die Insel. Bei klarem Wetter erkennen Sie etwa die Akrotíri-Halbinsel und Limassol, das Kýkko-Kloster und Nicosia.

Besonders auffällige Bäume am Wegrand sind über 500 Jahre alter Wacholder und mächtige Schwarzkiefern. Im Frühjahr blühen viele Zistrosen. Ihre klebrigen Blätter sondern das Harz *Labdanum* ab, das früher zur Herstellung von Räucherstoffen beliebt war. Die Bauern ernteten es, indem sie Ziegen durch die Pflanzen trieben, ihnen danach das Beinfell scherten und es auskochten. Als Eiche nur an ihren Eicheln, nicht aber an der Blattform erkennbar sind die zahlreichen Steineichen. Gelegentlich sehen Sie auch einen Erdbeerbaum. Im Winter trägt er Erdbeeren ähnliche, essbare Früchte.

Nach etwa 7 km passiert der Weg den Eingang zu einem **Bergwerksstollen,** in dem bis vor etwa 40 Jahren noch

Wandern light im Tróodos: ebene Waldwege, viel Schatten und Bänke zum Ausruhen

Chromerz abgebaut wurde. Mit einer Taschenlampe können Sie sich auf eigene Gefahr ein paar Meter hinein wagen. Nach 8 km erreicht der Wanderweg die Asphaltstraße von Tróodos auf den Olymp. Hier wenden Sie sich nach rechts und treffen schon nach wenigen Metern auf den Wegweiser, der Sie auf einen **schönen Waldweg** führt. Er endet dann nahe dem Ausgangspunkt am Rande von Tróodos, wo Sie sich in Cafés und einfachen Tavernen stärken oder an bäuerlichen Verkaufsständen mit Nüssen und *dschudschúko,* einem eingedickten, fest gewordenen Traubenmost, der in Form langer Würste angeboten wird, stärken können.

**③ DURCH DEN INSELWESTEN**

 **Die Region um Páfos gilt als Heimat der Liebesgöttin Aphrodite. Es lohnt sich, einen Tag lang mit dem Mietwagen ihren Spuren zu folgen. Länge der Fahrt ab Felsen der Aphrodite bis Páfos: ca. 140 km. Zeitbedarf mindestens 9–10 Stunden.**

Startpunkt Ihrer Tour ist der **Felsen der Aphrodite → S. 72**. Hier soll die antike Göttin dem Meer entstiegen sein und erstmals den Boden der Erde betreten haben. Die alte Küstenstraße führt von hier aus in westliche Richtung durch die weite, fruchtbare Küstenebene von Páfos.

Schon nach etwa zehn Minuten Fahrtzeit erkennen Sie deutlich über dem Abhang eines niedrigen Tafelbergs eine kleine Festung: **Covocle**. Sie markiert das antike Aphrodite-Heiligtum von **Palaiá Páfos → S. 73**. Über die alte Küstenstraße geht es dann weiter nach **Geroskípou → S. 72**. **Páfos → S. 64** mit seinen vielen Sehenswürdigkeiten wie dem Archäologischen Park oder den Königsgräbern sollten Sie ohnehin einen ganzen Urlaubstag widmen; unsere Tour führt darum an der Stadt vorbei in Richtung **Pólis**. Lohnend ist hinter Páfos der kurze Abstecher zum Kloster **Ágios Neófytos → S. 72** mit seiner ausgemalten Höhlenkirche. Die Hauptstraße führt zunächst weiter die Hänge hinauf, die anfangs noch mit vielen Johannisbrotbäumen bedeckt sind, später in Weingärten übergehen. Die Straße senkt sich an die Nordküste hinab, passiert Orangenhaine und Tabakfelder und erreicht schließlich **Pólis → S. 74**. Anschließend geht die Fahrt durch die ausgesprochen liebliche Küstenlandschaft zu den **Bädern der Aphrodite → S. 72**. Für die Rückfahrt an die Südküste können Sie eine kleinere Alternativroute wählen, die über noch recht ursprünglich gebliebene Dörfer führt. In **Droúseia** gibt es urige **INSIDER TIPP** **Tavernen** und ein kleines **Weberei-Museum,** in dem auch Seidenraupen-Kokons ausgestellt sind *(Mo–Fr 8.30–12 und 14–16, Sa 8.30–12 Uhr | Eintritt 0,50 Euro | an der Hauptstraße).* Im ehemaligen Korbflechterdorf **Iniá** erinnert ein kleines **INSIDER TIPP** *Museum* an dieses Handwerk *(ausgeschildert | tgl. 11–18.30 Uhr | Eintritt frei).*

Wegen seiner guten Tavernen lohnt **Káthikas** einen Stopp. Wenn unten in Páfos die ersten Lichter angehen, ist die Fahrt von Káthikas über das große Dorf **Pégeia** besonders eindrucksvoll.

### 4 WANDERN BEI AGÍA NÁPA

Der natürlichen Schönheit des kleinen ☆ Nationalparks auf der Kap-Gréko-Halbinsel kommen Sie am nächsten, wenn Sie ihn auf

Überreste einer Einsiedelei: prächtige Höhlenmalereien im Kloster Ágios Neófytos

kleinen Pfaden und breiten Wegen immer im Anblick des Meers durchwandern. Der Linienbus bringt Sie von Agía Nápa und den anderen Urlauorten der Region aus preiswert dorthin. Länge der Wanderung: ca. 5 km. Wasser und Verpflegung mitnehmen!

Der nahezu baumlose **Nationalpark** auf der kleinen Halbinsel zwischen Agía Nápa und Paralímni-Protarás ist ein bedeutendes Vogelrastgebiet sowie Standort vieler Orchideenarten und kleiner mediterraner Blütenpflanzen. Von der Bushaltestelle an der Hauptstraße zweigt eine Asphaltstraße in den Nationalpark ab. Gehen Sie auf ihr etwa 600 m und folgen Sie dann dem Wegweiser zu den **Sea Caves** über einen 600 m langen Feldweg. Zurück auf der kleinen Straße bleiben Sie auf ihr bis zur 1922 erbauten **Kapelle Agíi Anárgyri** direkt am Meer. Stufen führen ans Wasser. Kurz vor Erreichen der Kapelle bildet rechts der **Kamára tou Koráka** ein fotogenes Felsentor direkt vor der Küste. Von der Kapelle führt ein Wanderpfad zur 1,4 km entfernten **Kónnos Bay**. Dort können Sie ein Bad nehmen und sich an der kleinen Beach Bar erfrischen, bevor Sie zur Hauptstraße mit Bushaltestelle oberhalb der Bucht weiter gehen.

## ⑤ UNTERWEGS AUF DER KARPASS-HALBINSEL

**Diese große Tagestour bietet Ihnen einzigartige Landschaftsbilder, den schönsten Strand ganz Nordzyperns und Einblick in jene Dörfer, in denen noch griechische und türkische Zyprioten zusammenleben. Die Länge der Rundfahrt ab/bis Famagusta beträgt ca. 240 km, ab/bis Nicosia ca. 340 km. Zeitbedarf: ab Famagusta mindestens 11, ab Nicosia mindestens 13 Stunden.**

Östlich von Yeni Iskele/Trikomo treffen die Straßen von Nicosia und Famagusta zusammen. An der Küste entlang geht es nach **Bogázi (Bogaz)**, wo Sie am Fischereihafen eine Pause einlegen und schwimmen können.

Hinter Ziyamet/Leonaríssio biegen Sie dann vor einer Tankstelle nach rechts in Richtung Boltasli ab. Dort steht am Ortsanfang links die gut erhaltene, aber nur von außen zu betrachtende Kirche **Panagía Kanakária** aus dem 12. Jh. Sie durchqueren mehrere heute von Ostanatoliern und Kurden bewohnte, überaus ärmlich wirkende Dörfer und passieren das wohlhabende **Kaleburnu**, wo schon seit Jahrhunderten türkische Zyprioten leben. Eine Asphaltstraße bringt Sie durch kleine, ganz ländlicheinsame Täler weiter nach **Dipkarpaz/ Rizokárpaso → S. 90**, dem Hauptort der Halbinsel.

Nun beginnt der landschaftlich schönste Teil der Fahrt. Verwilderte Esel grasen am Straßenrand, Hirten ziehen mit ihren Herden über die Weiden. Stichstraßen führen zu den Tavernen am **Golden Beach → S. 91**.

Wenige Kilometer weiter erreicht die Straße das Kloster **Apóstolos Andréas → S. 91**, den bedeutendsten Wallfahrtsort der griechischen Zyprioten. 1300 m weiter endet die Asphaltstraße am Restaurant **Sea Bird** (€), wo Sie im Sommer gut zu Mittag essen und sehr einfach übernachten können.

Auf dem Rückweg sollten Sie von Dipkarpaz einen Abstecher zur Kreuzkuppelkirche **Ágios Fýlon → S. 90** unternehmen. An mehreren Stränden und kleinen Hotels entlang geht es weiter nach **Yenierenköy/Aigiálousa → S. 93**, wo Sie, wenn Sie wollen, ein spätes Bad im Meer nehmen können. Über Ziyamet fahren Sie zurück in Richtung Famagusta.

# SPORT & AKTIVITÄTEN

**Zypern ist ideal für einen sportlichen Urlaub. Das Angebot ist groß – und weil die Insel klein ist und die Straßen gut ausgebaut sind, kann man problemlos alle Möglichkeiten wahrnehmen.**

## BIKING

Ein ausgefeiltes Touren- und Trainingsprogramm für Rennräder und Mountainbikes ab Limassol bietet das vom Schweizer Thomas Wegmüller geführte *bikeCyprus-Center*. Es unterhält Stationen in diversen Hotels. Zur reinen Vermietung ohne Programm werden die Räder erst ein bis zwei Wochen vor Mietbeginn freigegeben. Eine feste Büroadresse gibt es nicht *(Tel. 25 63 40 93, mob. 99 66 62 00 | www.bikecyprus.com)*.

Weitere gute Verleihstationen sind *Cyprus Villages Bike Center* in Tochní *(Tel. 24 33 29 98 | www.cyprusvillages.com)*, *Aliathon Holiday Village Bike Center* in Páfos *(Poseidon Avenue | Tel. 26 96 44 00 | www.aliathonvillage.com)*.

Mehrmals im Jahr werden Mountainbikerennen veranstaltet, bei denen jeder mitmachen kann. Auskunft: *The Cyprus Cycling Federation (Amfipóleos Str. 21 | CY-2025 Stróvolos/Nicosia | Tel. 22 44 98 70 | www.cypruscycling.com)*, die auch nichtkommerzielle Mountainbiketouren veranstaltet, an denen überwiegend Zyprioten teilnehmen.

In Nordzypern engagiert sich eine private Organisation intensiv für die Markierung, GPS-Erfassung und Beschreibung von Mountainbike-Trails im Gebirge und

## Schwimmen, reiten, skifahren: Auf Zypern finden sportbegeisterte Urlauber ihr Outdoor-Mekka. Das Angebot ist groß und vielfältig

auf der Karpass-Halbinsel. Aktuelle Infos über den gegenwärtigen Stand unter *www.kyreniamountaintrail.org*

### GOLF

Die Golfplätze Zyperns gehören zu den besten im Mittelmeerraum. Der *Mínthis Hills Golf Club* 12 km nördlich von Páfos liegt in einem stillen Hochtal und ist wohl der einzige Golfplatz der Welt mit einem noch bewohnten Kloster in seiner Mitte. Ebenfalls in einem Tal gelegen ist

der *Secret Valley Golf Club* 18 km östlich von Páfos *(Tel. beide 26 64 27 74 | www. cyprusgolf.com)*. Auf grünen Hügeln nahe den Felsen der Aphrodite liegt der *Aphrodite Hills Golf Course (Tel. 26 82 82 00 | www.aphroditehills.com)*. Sehr günstig ist der 20 km von Limassol entfernte *Vikla Country Club* bei Kelláki *(Tel. 99 67 42 18 | viklagolf@cytanet.com. cy)*. Ein weiterer Golfplatz ist in Tersefánou bei Lárnaka im Bau.
Nordzyperns erster Golfplatz, der *Korineum Golf & Country Club (Esentepe | Tel.*

6 00 15 00 | www.korineumgolf.com), erstreckt sich weitläufig am Hang zwischen Nordküste und Kerýneia-Gebirge, bietet Clubhaus, Restaurant (€) und Shop auf hohem Niveau. Preisvorteile gegenüber dem Süden dürfen Sie nicht erwarten.

## PARAGLIDING

Eine auf der ganzen Insel einzigartige Möglichkeit zum Tandem-Paragliding, also zum Gleitfliegen am Schirm, bietet *Highline Air Tours* in Kerýneia/Girne. Vom Hotel geht es im Minibus zum Startpunkt in 750 m Höhe nahe der Burg St. Hilárion. Gelandet wird direkt am Meer. Der mutige Gast hängt zusammen mit einem erfahrenen Piloten am Gleitschirm *(Büro am Hafen von Kerýneia/Girne | Tel. 54 28 55 56 72 | www.highlineparagli ding.com | Zeitaufwand ca. 2 Std.).*

## REITEN

Es gibt nur wenige professionell geführte Reitställe, die außer Reitunterricht auch Ausritte anbieten. Dazu gehören bei Kalavassós zwischen Lárnaka und Limassol *Cyprus Villages & Traditional Houses Resort (Tel. 24 33 29 98 | www. cyprus-villages.com); bei Limassol Amathus Park Riding Club (Tel. 99 60 41 09),* in Ágios Geórgios bei Páfos *George's Ranch (an der Straße Coral Bay–Ágios Geórgios | Tel. 26 62 10 64).*
An erfahrene Reiter wendet sich das Angebot des *Catalköy Riding Club* bei Kerýneia/Girne in Nordzypern. Vom 80-minütigen Trail rund um Bellapaís oder einem Wanderritt zu urigen Pubs in der Küstenebene bis hin zu schwierigen Geländeritten im Gebirge und einwöchigen Reiterprogrammen reicht das Spektrum des britisch-türkisch geführten Reitstalls *(Catalköy | Tel. 8 45 47 41 | www.catalkoy ridingclub.com).*

## SEGELN

Da es auf Zypern nur wenige Marinas gibt, die griechischen Inseln weit entfernt sind und die türkischen Häfen aus politischen Gründen von Zpyern aus nicht angelaufen werden dürfen, sind Charter auf Zypern knapp. *Auskunft: Fremdenverkehrszentrale Zypern*

## SKIFAHREN

Zwischen Weihnachten und Ende Februar liegt an den Hängen des Olymp auf über 1700 m Höhe oft genügend Schnee, um Ski zu fahren. Vier Schlepplifte sind dann in Betrieb *(150, 150, 350 und 500 m lang | Tagespass 23 Euro).* In der Hütte des *Cyprus Ski Club* können Skier und Schuhe ausgeliehen werden *(16 Euro/ Tag, auch Langlaufski). Cyprus Ski Club | Tel. 22 44 98 37 | www.cyprusski.com*

## TAUCHEN

Tauchschulen und -stationen finden Sie in allen Badeorten Zyperns. Besonders reizvoll sind Tauchgänge bei Lárnaka, wo das Wrack des 197 m langen Frachters „Zenobia" auf dem Meeresgrund liegt. Eine Dekompressionskammer gibt es im Krankenhaus von Lárnaka und in der guten Tauchschule *Dive-In* in Limassol *(Amathous Ave. 59 | Tel. 25 31 16 00 | www.dive-in.com.cy).* Die Schule betreibt Filialen in Páfos und Lárnaka. Eine andere empfehlenswerte Tauchschule ist ● *Sunfish Divers* in Agía Nápa *(Makários Avenue 26 | Tel. 23 72 13 00 | www. sunfishdivers.com).*
Auch in Nordzypern finden Sie gute Tauchschulen, z. B. das 1978 gegründete INSIDER TIPP ▶ *Scuba Diving Center Amphora* in Alsancak bei Kerýneia/Girne *(Yavuz Cikarma Plaji | Tel. 8 51 49 24 | www. amphoradiving.com).*

## WANDERN

Zahlreiche gut markierte Wanderwege und Naturlehrpfade finden Sie vor allem im Tróodos-Gebirge und auf der Akamás-Halbinsel. Sie sind häufig als Rundwege angelegt. Geführte Wanderungen im Tróodos-Gebirge – besonders schön im Frühjahr – bietet das Hotel *Forest Park* in Páno Plátres seinen Gästen → **S. 85**. In Páfos werden deutschsprachig geführte Wanderungen unter starker Berücksichtigung ökologischer Aspekte auch bei der Routenwahl auf der Akamás-Halbinsel angeboten von ☺ INSIDER TIPP *Ecologia Tours* (*Ágios Theódoros Street 2 | Ktíma | Tel. 26 24 88 08 | www.wandern-zypern.de*).

## WELLNESS

Ein ganz besonderes Erlebnis ist ein Besuch der alten osmanischen *Omeriye-Bäder* → **S. 57** in Nicosia, die 2005 aufwendig restauriert und modernisiert wurden und jetzt das stimmungsvollste Wellnessangebot der ganzen Insel offerieren. Eine chinesische Massage oder eine Aromatherapiemassage kosten je 50 Euro, 30 Min. klassische Massage gibt es für 30 Euro, 90 Min. Hot-Stones-Behandlung kostet 80 Euro (*Paare Mo 12–21, Männer Di, Do, Sa 9–21, Frauen Mi, Fr, So 9–21 Uhr | Eintritt mit Dampfbad 20 Euro | Tyrillías Square | Südnicosia-Altstadt | Tel. 22 46 05 70 | www.hamambaths.com*).

## WINDSURFING

Möglichkeiten zum Windsurfing und zu vielen anderen Wassersportarten gibt es vor fast allen großen Strandhotels. Die vielleicht beste Windsurf- und Wassersportstation der Insel ist *West Water Sports* vor dem *Four Seasons Beach Hotel* in Limassol (*Amáthous Avenue | Tel. 99 66 27 80 | www.westwatersports.com*). Bei Pólis ist *Latchi Watersports Centre* eine gute Adresse (*am Hafen | Tel. 26 32 20 95 | www.latchiwatersportscentre.com*).

Vor den Küsten von Nord- wie Südzypern liegen viele reizvolle Tauchgründe

# MIT KINDERN UNTERWEGS

Zypern ist eine ausgesprochen kinder-
freundliche Insel. Die Herzlichkeit der
Griechen verbindet sich hier mit britischer Sorgfalt. Herrliche Strände und
das Mittelmeer sind weitere Garanten
für einen Urlaub, der auch den Jüngsten
Spaß macht.

Fast alle Wirte bieten Kinderstühle an,
Autovermieter Kindersitze. In Supermärkten ist das Angebot an Babynahrung
und Windeln so groß wie bei uns. Abends
dürfen Kinder lange aufbleiben; Zyprioten
nehmen selbst die kleinsten auch dann
mit zum Essen, wenn sie bis weit nach
Mitternacht bleiben. Nur an manchen
Hotelbars werden Kinder abends nicht
geduldet. In Südzypern gibt es eine Reihe
von speziellen Angeboten für Familien mit
Kindern. In Nordzypern fehlen sie noch.

## AGÍA NÁPA & LÁRNAKA

**CAMEL PARK** (138 A6) (⌖ H8)
Noch bis zum Zweiten Weltkrieg waren
Dromedare auf der Insel Zypern ein recht
wichtiges Verkehrsmittel. Inzwischen gibt
es sie wieder: im Kamelpark bei Mazótos.
Wer mag, kann 15-minütige Ausritte unter-
nehmen. *Tgl. 9–19 (Winter bis 17) Uhr |
30 Min. Reiten 9 Euro, Kinder 6 Euro | an
der Hauptstraße von Mazótos nach Kíti |
www.camel-park.com*

**LUNA PARK** (139 F4) (⌖ L–M7)
Was den älteren Jugendlichen die Dis-
kos von Agía Nápa sind, ist den Kleine-
ren im selben Ort der Luna Park – ein
Vergnügungspark mit Kinderkarussells,
Autoskooter, Riesenrad und einer Art

Spaß im Wasser und zu Land: Aktivitäten für die ganze Familie, bei denen das Vergnügen der Kleinen ganz groß ist

Bungeesprungturm, hier *Bungee Rocker* genannt. *Sommer tgl. ab 12 Uhr | im Ortszentrum an der Landstraße nach Lárnaka*

### WATERWORLD (139 E4) (*L7*)

In Zyperns schönstem und größtem Spaßbad am Stadtrand von Agía Nápa kommen Ihre Kinder garantiert nicht zur Ruhe. Denn hier ist Action rund ums Trojanische Pferd angesagt. Aus dem Nachbau des berühmten Gefährts führen Rutschen ins Wasser. Es gibt Wasserpistolen, und aus einem großen Wasserkübel können Unvorsichtige eine nasskalte Überraschung erleben. Die vielen verschiedenen Riesenrutschen im Park sind bis zu 150 m lang, im Wellenbecken werden bis zu 1 m hohe Wogen erzeugt, und man kann in kleinen, runden Schlauchbooten über den Odysseus River gleiten. *April–Okt. tgl. 10–18 Uhr | Erwachsene 32 Euro, Kinder (2–12 Jahre) 18 Euro, Discount-Coupons (5/3 Euro) auf der Homepage | Agía Thékla Road 18 | www.waterworldwaterpark.com*

## LIMASSOL

### WATER MANIA (136 A5) ( *E9*)

Auch Limassol hat sein Spaßbad, das ist allerdings um einiges kleiner als das in Agía Nápa. Riesenrutschen sind das Hauptvergnügen. *Mitte April–Mitte Okt. tgl. 10–17 (Hochsommer bis 18) Uhr | Erwachsene 30 Euro, Kinder (3–12 Jahre) 17 Euro | Trachóni | Shuttle-Bus-Service ab Hotels in Limassol und Páfos | Tel. 25 71 42 35 | www. fasouri-watermania.com*

## NICOSIA

### TO TRENÁKI (U C5) ( *c5*)

Für kleinere Kinder ist die zweigeteilte Inselhauptstadt sicherlich kein sonderlich attraktives Ausflugsziel. Eines aber wird ihnen ganz sicher gefallen: die Fahrt mit dem *trenáki,* also dem „Zügelchen" genannten Minizug auf Gummirädern, der täglich alle 20 Minuten zu kurzen Rundfahrten durch Nicosias Altstadt startet. *Abfahrten 10–13 und 15–19 Uhr* 

*am Südende der Lídras Steet | Fahrpreis 1,50 Euro*

## PÁFOS

### APHRODITE WATERPARK
(134 B5) ( *A8*)

Auch Páfos-Urlauber können ins Spaßbad gehen, wenn Ihnen das Strandleben nicht mehr genügt. Das 35 000 m² große Gartengelände liegt hinter dem Strand der Fremdenverkehrszentrale Zypern am Ufer von Geroskípou und wartet wie seine größeren Brüder in Agía Nápa und Limassol mit Riesenrutschen auf. *Mitte April–Okt. tgl. 10–18 Uhr | Erwachsene 29 Euro, Kinder (2–12 Jahre) 16 Euro | aphroditewaterpark.com*

### ESELSRITTE (134 B4) ( *B7*)

Kurz vor Káthikas liegt an der Straße von Páfos her *Trákkos Donkey Farm.* Trákkos hält 80 Esel, auf denen man reiten darf. Ein einstündiger Ritt kostet 20 Euro, mehrere Reiter können sich abwechseln. *Tel. 99 64 70 31*

Geht immer, wird nie langweilig: Spaßbaden im Aphrodite Waterpark in Páfos

### INSIDER TIPP ▶ KIVOTOS 3000
(134 B2) (⌁ B6)

Im Café „Arche 3000" in Pólis zeigt die deutsche Wirtin Tina viel Herz für Eltern und Kinder. Es gibt Eis und heiße Waffeln, Spiele und Spielzeug im Haus und im schönen Garten, Kinderbücher und als Spielgefährten die Kinder der Wirtin. *Juli–Sep. Mo–Sa 17–24, Di–Sa auch 11–14, Okt.–Juni Di–Sa 11–18 Uhr | An der Straße vom Dorfplatz zur Polizei | €*

### OLDTIMERBUS (134 B5) (⌁ A8)

Noch vor wenigen Jahren besaß fast jedes Dorf seinen eigenen, altertümlich wirkenden Bedford-Bus mit dem typischen Dachgepäckträger. Ein Reisebüro in Páfos hat sich einen der alten Bus zugelegt und veranstaltet damit Exkursionen über Staubpisten und Holperstraßen in Richtung Akamás-Halbinsel, die auch Kindern Spaß machen. Die Reiseleitung spricht Deutsch. *Hercules Travel, am Hafen von Páfos | Tel. 26 91 23 00 | Tagestouren ab 36 Euro, Kinder (2–12 Jahre) 18 Euro | www.hercules-travel.com*

## TRÓODOS

### ESELSPARK (135 E4–5) (⌁ D8)

Das *Cyprus Donkey Sanctuary* wird vor allem zum Wohle der Tiere betrieben. Man darf die Esel nicht füttern und nicht auf ihnen reiten, aber sie ausgiebig beobachten und Patenschaften für sie übernehmen. Es gibt ein Souvenirgeschäft und einen kleinen Picknickplatz. Nahe dem Dorf Vouní (dort gut ausgeschildert). *Tgl. 10–16 Uhr | Eintritt frei | Patenschaft 20 Euro/Jahr | www.donkeysanctuarycyprus.org*

### INSIDER TIPP ▶ WILDBACHWANDERUNG
(135 F4) (⌁ D7)

Eine Wanderung, die garantiert auch sonst eher etwas gefaulen Kindern Spaß machen wird, können Sie im Tróodos-Gebirge unternehmen: Der *Caledonia Trail* führt in etwa zweieinhalb bis drei Stunden immer abwärts an einem schönen Wildbach entlang, der an die 30-mal auf manchmal recht wackligen Trittsteinen überquert werden muss. So mancher Wanderer holt sich da nasse Socken. Das Bachtal ist urwaldhaft grün, der Wanderweg eher ein schmaler Pfad. Etwa auf halbem Weg passieren Sie Zyperns mächtigsten Wasserfall, die *Caledonia Falls.* Noch mehr Spaß macht die Wanderung sicher, wenn Sie Papier mitnehmen, Papierschiffchen auf dem Bach aussetzen und ihre rasende Fahrt verfolgen.

Am Ende der Wanderung können Sie in der *Waldgaststätte Psilo Dendro (€)* einkehren, wo die fangfrischen Forellen ganz besonders gut schmecken. Die Wanderung beginnt unterhalb der Asphaltstraße vom 7 km entfernten Páno Plátres nach Tróodos (dort Wegweiser zu den Caledonian Falls). Busse fahren nicht zum Startpunkt; von Páno Plátres aus müssen Sie sich ein Taxi nehmen (ca. 8 Euro). Die Wanderung endet in Páno Plátres.

## NORDZYPERN

### BUBBLE MAKERS (132 B–C2) (⌁ N2)

Spezielle zweistündige Schnupper-Tauchkurse für Kinder, die schwimmen können, bietet die Tauchschule *Mephisto Diving* von Marion Buchmüller auf dem Gelände des Hotels Club Malibu auf der Karpass-Halbinsel. Nach einer gründlichen Einweisung dürfen die Kleinen mit Maske und Flasche bis in Tiefen von 2 m hinabsteigen (30 Euro). Jugendliche können auch an Tages-Schnupperkursen (70 Euro) teilnehmen. *Erenköy Halk Plaji | Tel. 53 38 67 37 74 | www.mephisto-diving.com*

# EVENTS, FESTE & MEHR

Kultur- und Folklorefestivals sowie religiöse Feiertage sorgen in ganz Zypern für einen gut gefüllten Festtagskalender. In jedem Büro der Fremdenverkehrszentrale Zypern ist stets eine aktuelle Veranstaltungsvorschau für Südzypern in englischer Sprache erhältlich, sodass Sie kein Ereignis verpassen können.

## FEIERTAGE

**Ganz Zypern: 1. Jan.** Neujahr; **1. Mai** Tag der Arbeit. **Südzypern: 6. Jan.** Epiphanias/Taufe Christi; **Rosenmontag** (27. Feb. 2012, 18. März 2013, 3. März 2014); **25. März** Griechischer Nationalfeiertag; **1. April** Zypriotischer Nationalfeiertag; **Karfreitag** (13. April 2012, 3. Mai 2013, 18. April 2014); **Ostermontag** (16. April 2012, 6. Mai 2013, 21. April 2014); **Pfingstmontag** (4. Juni 2012, 24. Juni 2013, 10. Juni 2014); **15. Aug.** Mariä Entschlafung; **1. Okt.** Unabhängigkeitstag; **28. Okt.** Griechischer Nationalfeiertag; **24. Dez.** Heiligabend (nachmittags); **25./26. Dez.** Weihnachten; **31. Dez.** Silvester (nachmittags). **Nordzypern: Kurban Bayramı** Opferfest (25.–28. Okt. 2012, 15.–18. Okt. 2013, 4.– 7. Okt. 2014); **23. April** Tag des Kindes; **19. Mai** Tag der Jugend und des Sports; **20. Juli** Tag der türkischen Intervention; **30.**

**Aug.** Tag des Sieges; **29. Okt.** Gründung der Republik Türkei; **Şeker Bayramı** Ende des Ramadan (19.–21. Aug. 2012, 8.–10. Aug. 2013, 28.–30. Juli 2014); **15. Nov.** Tag der Proklamation der Türkischen Republik Nordzypern

## FESTE & VERANSTALTUNGEN

### KARFREITAG

21 Uhr: ▶ **Prozessionen** in allen Orten, besonders schön in Ktíma/Páfos

### OSTERSAMSTAG

23 Uhr: ▶ **Feierliche Gottesdienste** in allen Kirchen, besonders eindrucksvoll im Kloster Ágios Neófytos bei Páfos

### OSTERSONNTAG

▶ *Lustige Osterspiele* (z. B. mit Sackhüpfen und Eierlaufen) in vielen Orten, insbesondere im Bezirk Páfos

### APRIL–JUNI

▶ ● *Musical sundays.* Kostenlose Konzerte (Folklore, Jazz, Klassik, Rock) vor dem türkischen Fort in Páfos, im *Onisilos Seaside Theatre* in Limassol und an der Uferpromenade von Lárnaka. Jeweils sonntags. Bis Mitte Mai Beginn um 11, danach um 21 Uhr

**Kirche, Kultur, Folklore: Langeweile kommt in Zypern nicht auf. Irgendwo auf der Insel ist immer etwas los, ob Feiertag oder nicht**

### MAI/JUNI

▶ INSIDER TIPP ▶ *Internationales Bellapaís Musikfestival.* Klassische Musikveranstaltungen in der Klosterruine oberhalb von Kerýneia/Girne. *www.bellapaisfestival.com*

### JUNI

▶ *Shakespeare-Festival.* Vorstellungen an mehreren Abenden im antiken Theater von Koúrion

▶ *International Famagusta Art and Culture Festival* in der zweiten Monatshälfte. Theater, Tanz und Konzerte im antiken Theater von Sálamis und vor dem Othello-Turm

### DONNERSTAG VOR PFINGSTEN–DIENSTAG NACH PFINGSTEN

▶ *Kataklismós-Fest*. Bei diesem Fest in Lárnaka wird der Rettung Noahs vor der Sintflut gedacht. Drum herum: ein großer Jahrmarkt an der Uferpromenade, viele Konzerte und sportliche Wettbewerbe

### 15. AUGUST

▶ *Kirchweihfeste* mit Musik und Tanz in vielen Dörfern und im Kloster Kýkko

### ANFANG SEPTEMBER

▶ *Páfos Aphrodite Festival.* Drei Opernabende vor dem türkischen Fort am Hafen von Páfos

### ERSTES–ZWEITES SEPTEMBER-WOCHENENDE

▶ *Weinfest* in Limassol

### 13./14. SEPTEMBER

▶ *Kirchweihfeste* in Ómodos, Páno Léfkara und am Kloster Stavrovoúni

### SEPTEMBER/OKTOBER

▶ *Nordzypern Musikfestival.* Klassik, Flamenco, Rock und Chormusik in der Burg von Kerýneia, im Kloster Bellapaís und im Amphitheater von Sálamis

### 3./4. OKTOBER

▶ *Kirchweihfest* in Kalopanagiótis

# ICH WAR SCHON DA!

**Drei User aus der MARCO POLO Community verraten ihre Lieblingsplätze und ihre schönsten Erlebnisse**

## HOTEL NESTOR

Unseren Urlaub verbrachten wir im schönen Hotel Nestor, das sehr schön im Süden der Insel Zypern in dem Feriengebiet Agía Nápa liegt. Es befindet sich nicht nur in der Nähe vom Strand, sondern auch vom Ortszentrum. Durch das familiäre Ambiente und die Sauberkeit des Hotels fühlten wir uns hier wirklich sehr wohl. Der Hotelpool ist zwar nicht sehr groß, aber sehr sauber mit ausreichend Liegestühlen und Sonnenschirmen. In der Nähe fanden wir genügend Einkaufsmöglichkeiten, sowie eine Apotheke und Restaurants, falls man nicht jeden Abend im Hotel essen möchte. **muffyns aus Stuttgart**

## SO SCHÖN KANN NATUR SEIN

In der Nordregion um Girne hatten wir ein Ferienhaus im malerischen Kármi gebucht. Das Dorf liegt am Besparmak-Gebirge mit tollem Blick aufs Mittelmeer. Von hier aus unternahmen wir schöne Wanderungen, u. a. zur Ruine der Burg St. Hilárion. Um das Dorf zu erreichen, ist allerdings ein Leihwagen ratsam. **schubs2802 aus Korschenbroich**

## KOÚRION

Nach Koúrion fuhren wir mit dem Kleinbus, besichtigten dort das Amphitheater und das Haus des Eustolios. Es lohnt sich, bis ans andere Ende der Anlage zu wandern, da sich von hier ein traumhafter Ausblick offenbart. Zurück ging's mit einem Sammeltaxi, dass man im Voraus bestellen sollte. **thomasstadler aus Piesting**

# EIGENE NOTIZEN

# LINKS, BLOGS, APPS & MORE

LINKS

▶ www.cypruspictures.net Über 1300 gute Fotos von verschiedenen Ort- und Landschaften Südzyperns

▶ www.zypern-reiseberichte.de Private, werbefreie Homepage des Deutschen Bernd Gottwald. Dort schildert er die ganz persönlichen Reiseeindrücke seiner Zypernreisen

▶ www.whatson-northcyprus.com Umfangreiche Website zu Nordzypern auf Englisch. Sehr hilfreich: ein gut gepflegter Kalender mit Veranstaltungshinweisen zu allen nordzypriotischen Orten

▶ www.kypros.org Englischsprachige Website mit Links zu vielen Institutionen, aber auch zu Klöstern und kulturellen Organisationen

▶ www.skicyprus.com Zypern als Winterziel: Informationen und Buchungsmöglichkeit für Ski- und Snowboardfahrer

▶ www.marcopolo.de/zypern Interaktive Karten inklusive Planungsfunktion, Impressionen aus der Community, aktuelle News und Angebote ...

BLOGS & FOREN

▶ www.zypern-forum.de Großes, deutschsprachiges Forum mit zahlreichen Informationen und Themen zu Süd- und Nordzypern

▶ www.zypern-tipps.eu Zu beiden Teilen Zyperns gibt es hier viele deutschsprachige Blogs und Fotos, unter anderem auch vom Autor dieses Reiseführers

▶ www.nordzypern-insider.net Website mit umfangreichen, monatlich aktualisierten Informationen zu Nordzypern. Außerdem ist diese Site das Kommunikationsforum der deutschsprachigen Community

▶ mp.marcopolo.de/zyp1 Englischsprachige Blogs auf Zypern lebender Briten und anderer Auswanderer, hilfreiche Infos zu Land und Leuten

**Egal, ob Sie sich auf Ihre Reise vorbereiten oder vor Ort sind: Mit diesen Adressen finden Sie noch mehr Informationen, Videos und Netzwerke, die Ihren Urlaub bereichern. Da manche Adressen extrem lang sind, führt Sie der kürzere mp.marcopolo.de-Code direkt auf die beschriebenen Websites**

▶ www.cyprusmeteo.com Außer den aktuellen Wetterdaten für Südzypern gibt es hier auch Links zu verschiedenen Strand- und Meervideos sowie zu einigen Videos aus Lárnaka

▶ mp.marcopolo.de/zyp2 Kurzes, kommerzielles Video über Nordzypern

▶ mp.marcopolo.de/zyp3 Unterwasserwelt vor Lárnaka: 24-minütiges privates Video eines Tauchgangs zum Zenobia-Wrack von Tony Parkinson

**VIDEOS & STREAMS**

▶ AHIs OfflineCyprus Das Kartenmaterial Zyperns wird hier auf das Smartphone geladen, sodass keine teuren Roaming-Kosten anfallen. Es können Lieblingsorte gespeichert oder Bemerkungen und Fotos hinzugefügt werden

▶ Cyprus Guide Offline funktionierender Reiseführer. Die Inhalte der einzelnen Kategorien, wie Bankautomaten, Strände, Ärzte, Museen, Nightlife oder Tankstellen, können auch per Suchfunktion gefunden werden. Eine Internetverbindung ist nur für das Versenden von „Postkarten" und Verlinkungen zu Facebook und Twitter notwendig

▶ Cyprus Mail Die kostenlose App der ältesten Tageszeitung Zyperns „Cyprus Mail" liefert täglich außer montags aktuelle Nachrichten zu beiden Teilen der Insel auf Englisch

▶ WR Cyprus Radio Mit dieser App haben Sie Zugang zu den meisten zypriotischen Radiosendern. Zur Nutzung benötigen Sie aber eine Internetverbindung

**APPS**

▶ mp.marcopolo.de/zyp4 Auf der Pinnwand der englischsprachigen Community werden aktuelle Infos und Veranstaltungshinweise zum südzypriotischen Nightlife platziert

▶ mp.marcopolo.de/zyp5 Die kleine Fotoliebhaber-Community bedient sich der Pinnwand, um ihre Zypern-Fotos hochzuladen und sich auszutauschen

▶ http://twitter.com/cyprusevents Twitter-Blog von Cyprusevents.net mit Aktuellem aus den Bereichen Musik und Tanz, Theater, Kino und Kunst in Südzypern

**NETWORK**

# PRAKTISCHE HINWEISE

## ANREISE

Für die Anreise in den Süden Zyperns gibt es zwei Alternativen bzw. zwei zivile Flughäfen: Lárnaka im Süden und Páfos im Westen der Insel. Und nur wer über diese Airports oder den Hafen von Limassol nach Zypern einreist, reist nach Meinung der griechisch-zypriotischen Regierung legal ein. Die Airports von Lárnaka und Páfos werden von zahlreichen Flughäfen in deutschsprachigen Ländern nonstop angeflogen, die Flugzeit beträgt ca. 3–4 Std. Nordzyperns Flughafen ist Ercan bei Nicosia, ersatzweise Gecitkale bei Famagusta. Bisher gab es dorthin nur Flüge via die Türkei, sodass die Flugzeit meist 7–10 Std. betrug.

## GRÜN & FAIR REISEN

Auf Reisen können auch Sie mit einfachen Mitteln viel bewirken. Behalten Sie nicht nur die $CO_2$-Bilanz für Hin- und Rückflug im Hinterkopf *(www.atmosfair.de)*, sondern achten und schützen Sie auch nachhaltig Natur und Kultur im Reiseland *(www.gate-tourismus.de; www.zukunft-reisen.de; www.ecotrans.de)*. Gerade als Tourist ist es wichtig, auf Aspekte zu achten wie Naturschutz *(www.nabu.de; www.wwf.de)*, regionale Produkte, Fahrradfahren (statt Autofahren), Wassersparen und vieles mehr. Wenn Sie mehr über ökologischen Tourismus erfahren wollen: europaweit *www.oete.de*; weltweit *www.germanwatch.org*

## AUSKUNFT

**FREMDENVERKEHRSZENTRALE ZYPERN**
*– Zeil 127 | 60313 Frankfurt | Tel. 069 25 19 19*
*– Parkring 20 | 1010 Wien | Tel. 01 5 13 18 70*
*– Gottfried-Keller-Str. 7 | 8001 Zürich | Tel. 044 2 62 33 03*
*– alle www.visitcyprus.com*

**NORDZYPERN-TOURISMUSZENTRUM**
*Baseler Str. 35–37 | 60329 Frankfurt | Tel. 069 24 00 79 46 | www.nordzypern-touristik.de*

## AUTO

In Zypern wird links gefahren. Vorfahrt hat, wer von rechts kommt. Die Geschwindigkeitsbegrenzungen liegen in Ortschaften bei 50 km/h, auf Landstraßen bei 80 km/h (Nordzypern 100 km/h), auf Autobahnen bei 100 km/h. Promillegrenze 0,5; in Nordzypern 0,0. Das Anlegen von Sicherheitsgurten auf Vorder- und Rücksitzen ist Vorschrift. Kinder unter 5 Jahren dürfen nicht auf die Vordersitze. Handy-Telefonate und Rauchen am Steuer sind untersagt.

## BANKEN

Öffnungszeiten Südzypern: Mo–Fr 8.30–12 Uhr, Nordzypern: 8–12 Uhr, Bankschalter an den Flughäfen bei jeder Auslandsankunft. In Großstädten und touristischen Zentren haben einige Banken im Süden auch 16–18 (Mai–Sept.) oder 15.30–17.30 Uhr (Okt.–April) geöffnet, im Norden auch 14–16 Uhr (Okt.–

April). Auf ganz Zypern gibt es genügend Geldautomaten; in Nordzypern zahlen sie nur Türkische Lira aus.

## BEHINDERTE

Der britische Einfluss hat Zypern zu einem der behindertenfreundlicheren Urlaubsziele im Mittelmeer werden lassen. Die meisten Museen sind rollstuhlgerecht, für Rollstuhlfahrer geeignete Hotels werden in dem offiziellen Unterkunftsverzeichnis Südzyperns besonders ausgewiesen. Ein Reiseveranstalter, der auch Angebote für Behinderte bereithält, ist *Voni-Touristik (Dorotheenstr. 93 | 22301 Hamburg | Tel. 040 279 89 88 | www.voni-touristik.com)*.

## CAMPING

Wild zelten ist in Nordzypern erlaubt, in Südzypern verboten, in einigen Regionen aber dennoch üblich. Auf der ganzen Insel gibt es eine Reihe von Campingplätzen.

## DIPLOMATISCHE VERTRETUNGEN

**BOTSCHAFT DER BUNDESREPUBLIK DEUTSCHLAND**
*Nikitaras Street 10 | Nicosia | Tel. 22 45 11 45 | www.nikosia.diplo.de*

**INFORMATIONSBÜRO IN NORDNICOSIA**
*Kazim 15 Street 28 | Tel. 2 27 51 61*

**BOTSCHAFT DER SCHWEIZ**
*Th. Dervis Street 46 | Nicosia | Tel. 22 46 68 00*

**BOTSCHAFT DER REPUBLIK ÖSTERREICH**
*D. Sevéri Avenue 34 | Nicosia | Tel. 22 41 01 51 | www.aussenministerium.at/ nikosia*

## WAS KOSTET WIE VIEL?

| | |
|---|---|
| Taxi | 0,60/0,72 Euro *pro Kilometer (tags/ nachts)* |
| Mokka | 2 Euro *pro Tasse* |
| Liegestuhl | 6–7 Euro *pro Tag für zwei* |
| Wein | ab 10 Euro *für eine Flasche Wein im Restaurant* |
| Benzin | ca. 1,25 Euro *für einen Liter Super* |
| Kebab | 3,50–4,50 Euro *für einen Fleischspieß in Fladenbrot* |

## EINREISE

EU-Bürger und Schweizer benötigen einen gültigen Personalausweis, Kinder unter 12 Jahren einen Kinderpass.

## FKK

Das Nacktbaden ist auf ganz Zypern verboten. Das Ablegen des Bikinioberteils wird nur in Südzypern geduldet.

## FOTOGRAFIEREN & FILMEN

Foto- und Filmaufnahmen in archäologischen Stätten sind kostenlos erlaubt. Für

Aufnahmen in staatlichen Museen muss man die Erlaubnis im Voraus schriftlich beantragen. Das Fotografieren und Filmen militärischer Anlagen, also auch der Green Line in Nicosia, ist streng untersagt.

## GESUNDHEIT

Die ärztliche Versorgung ist gut. Viele Ärzte sprechen Englisch oder Deutsch. Zwischen den deutschsprachigen Ländern und Zypern besteht allerdings kein Sozialversicherungsabkommen. Ärztliche Behandlungen und Arzneimittel müssen in Zypern sofort bar bezahlt werden. Darum ist dringend zum Abschluss einer Auslandskrankenversicherung zu raten.

## JUGENDHERBERGEN

Sehr einfache Herbergen (internationaler Jugendherbergsausweis nötig!) gibt es in Lárnaka, Nicosia, Páfos, Stavrós tis Psókas und Tróodos.

## MIETFAHRZEUGE

Zum Anmieten eines Fahrzeugs genügt der nationale Führerschein. Ein Kleinwagen kostet je nach Saison 22–35 Euro pro Tag ohne Kilometerbegrenzung. Viele Autovermietungen übergeben den Wagen mit fast leerem Tank. Ist der Tank nicht ganz leer oder sogar voll, muss der Mieter den geschätzten Inhalt vorab bezahlen. Nicht genutztes Benzin wird nicht erstattet. Einige Autovermieter in Südzypern gestatten die Nutzung ihres Autos auch in Nordzypern. Dort muss am Checkpoint eine separate Haftpflichtversicherung (ca. 20 Euro für 1–3 Tage, ca. 30 Euro für 1 Monat) abgeschlossen werden.

## NOTRUF

*Südzypern:* Polizei, Feuerwehr, Krankenwagen: *Tel. 199*
*Nordzypern:* Polizei *Tel. 155,* Krankenwagen *Tel. 112,* Feuerwehr *Tel. 199*

## ÖFFENTLICHE VERKEHRSMITTEL

Preiswertestes Verkehrsmittel ist der Linienbus. Busse verbinden alle Städte innerhalb des jeweiligen Inselteils. Viele Dörfer sind per Bus schlecht zu erreichen; mor-

# AUF DEM LAND WOHNEN

In allen Teilen Südzyperns haben Sie die Möglichkeit, in kleinen Pensionen, Hotels und Apartmentanlagen auf dem Land ganz weit abseits des Massentourismus zu wohnen. Betreiber sind meist ortsansässige Familien, viele Unterkünfte sind in historischen Häusern angesiedelt. Oft wird ein Frühstück mit regionalen Produkten serviert, manchmal ist die Teilnahme an landwirtschaftlichen Aktivitäten möglich.

Gegessen wird in örtlichen Tavernen, Apartmentbewohner können fast immer Eier und Gemüse von den Nachbarn beziehen. Im Hotelverzeichnis der Fremdenverkehrszentrale Zypern sind solche Quartiere in der Rubrik „Traditional Houses & Apartments" aufgelistet, etwa 60 Varianten des Urlaubs auf dem Land finden Sie auf der Website des offiziellen Agrotourismus-Verbands *www. agrotourism.com.cy*.

gens fahren Busse in die Städte und erst am Nachmittag zurück in die Dörfer. Eine Alternative sind Sammeltaxis (Service Taxis) mit meist sieben Sitzplätzen, die auf den gleichen Strecken fahren. Man bestellt telefonisch einen Platz, wird an jeder Adresse abgeholt und an jede Adresse am Zielort gebracht. Busse und Sammeltaxis fahren nur tagsüber; Busse fast nur werktags und Sammeltaxis sonntags mit stark eingeschränkter Kapazität. Individualtaxis sind mit Taxameter ausgestattet. Für die Fahrt vom Flughafen Lárnaka nach Nicosia zahlen Sie von 6–20.30 Uhr ca. 60 Euro, für die Fahrt von Nordnicosia nach Kerýneia/Girne 30 Euro.

## ÖFFNUNGSZEITEN

Geschäfte und Märkte sind in ganz Zypern meist von Mo–Sa 8–20 Uhr (Okt.–April bis 19.30 Uhr), Mi nur bis 15 Uhr geöffnet.

## ORGANISIERTE TOUREN

Organisierte Ausflüge mit Reiseleitung werden von allen Städten und Urlaubsorten ganz Zyperns aus angeboten. Die bescheidene Größe der Insel macht es möglich, dass nahezu alle Ziele von jedem Ort aus im Rahmen von Tagestouren erreichbar sind. Von Südzypern aus werden auch Tagesausflüge mit griechisch-zyprischen Reiseleitern in den Inselnorden veranstaltet, umgekehrt ist das nicht möglich. Innerhalb der Städte des Südens bieten die örtlichen Büros der Fremdenverkehrszentrale Zypern zudem mehrmals wöchentlich kostenlos geführte Stadtrundgänge an.

## POST

In Südzypern sind die Postämter Mo–Fr 7.30–13 Uhr, Sa 7.30–12 Uhr geöffnet,

die Hauptpostämter in den Städten auch Mo–Fr 16–18 Uhr. Öffnungszeiten in Nordzypern: Mo–Fr 8–13 und 14–17 Uhr, Sa 9–12 Uhr.

Mandelblüte auf Zypern

## PREISE & WÄHRUNG

Am 1. Januar 2008 hat der Euro die bisherige zypriotische Währung, Lira oder auch Pound genannt, ersetzt. Der Euro wird auch in Nordzypern gern angenommen, obwohl dort die Türkische Lira offizielle Währung ist. Reiseschecks werden von allen Banken eingelöst. Kreditkarten sind weit verbreitet.

Das Preisniveau in Südzypern entspricht in etwa dem in Deutschland oder Österreich; nur Benzin ist spürbar billiger. In Nordzypern liegen die Lebenshaltungskosten etwa 10 Prozent unter denen im Süden.

## RAUCHEN

Auf ganz Zypern gelten strenge Anti-Raucher-Gesetze, die das Rauchen in öffentlichen Räumen, in Büros und allen Verkehrsmitteln untersagen.

## REISEZEIT

Zypern ist ein Reiseziel das ganze Jahr hindurch, auch wenn zwischen Dezember und April nur Hartgesottene im Meer baden. Für Naturliebhaber sind die Monate April und Mai wegen der Blütenpracht besonders schön.

## WÄHRUNGSRECHNER

| € | TRY | TRY | € |
|---|---|---|---|
| 1 | 2,44 | 1 | 0,41 |
| 3 | 7,33 | 3 | 1,22 |
| 5 | 12,22 | 5 | 2,04 |
| 12 | 29,34 | 12 | 4,89 |
| 40 | 97,80 | 40 | 16,30 |
| 200 | 489,01 | 200 | 81,49 |

## SPRACHE & SCHRIFT

Die meisten Zyprioten sprechen gut Englisch, die zugewanderten Festlandstürken im Norden nur selten. Die Griechen sind stolz auf ihre einzigartige Schrift. Die richtige Betonung auf dem Vokal mit Akzent ist sehr wichtig. Für Aufschriften und Ortsschilder wird oft zusätzlich unsere lateinische Schrift verwendet. Schwierigkeiten macht die Transkription griechischer Buchstaben. Eine einheitliche Regelung gibt es nicht. In diesem Band wird eine moderne Umschrift benutzt, die Aussprache und Wiedererkennen vor Ort erleichtern soll. Es kann aber sein, dass Sie auf Zypern andere Schreibweisen vorfinden.

## STROM

220/240 Volt Wechselstrom. Deutsche Stecker passen nicht; an den meisten Hotelrezeptionen werden jedoch Adapter ausgeliehen.

## TELEFON & HANDY

Telefonnummern sind in Südzypern acht-, in Nordzypern siebenstellig. Sie sind auch bei Ortsgesprächen vollständig zu wählen. Sie telefonieren am besten von den zahlreichen Kartentelefonen aus. Telefonkarten bekommen Sie an Kiosken und in Supermärkten.

Gespräche zwischen Nord- und Südzypern gelten als Auslandsgespräche. Für Anrufe aus dem Ausland in den Norden wählt man *0090392* vorweg, vom Ausland in den Süden *00357*.

Wer häufiger das Handy nutzen oder auch nur SMS und Gespräche empfangen will, kauft sich am besten eine zypriotische Telefonkarte mit dazugehöriger Telefonnummer in einem der vielen Handy-Shops im Land. Die Kosten dafür liegen in der Regel unter 10 Euro, die Freischaltung erfolgt sofort. Beim Kauf ist die Vorlage des Personalausweises oder Reisepasses notwendig.

Vorwahlen: *Deutschland 0049 | Österreich 0043 | Schweiz 0041*.

## TOILETTEN

In einfachen Hotels und Restaurants wird häufig darum gebeten, benutztes Toilettenpapier nicht ins Becken zu werfen, sondern in einen bereitstehenden Eimer oder Papierkorb. Damit soll ein Verstopfen der oft schmalen Rohre verhindert werden.

## TRINKGELD

In den Rechnungen von Hotels und Restaurants ist bereits Bedienungsgeld enthalten. Wenn Sie zufrieden waren, freut man sich über Trinkgeld (5–10 %).

## TRINKWASSER

Das Leitungswasser können Sie in allen Orten der Insel, ob im Süden oder Norden, bedenkenlos trinken.

## ZEITUNGEN, FUNK & TV

Deutschsprachige Zeitungen und Zeitschriften bekommen Sie mit eintägiger Verspätung. Darüber hinaus erscheinen in Südzypern die englischsprachige Tageszeitung „Cyprus Mail" sowie die Wochenzeitung „Cyprus Weekly". In vielen Hotels kann zumindest ein deutscher Fernsehsender empfangen werden – zumeist das ZDF.

## ZEITUNTERSCHIED

Auf Zypern ist es ganzjährig eine Stunde später als bei uns.

## ZOLL

Waren zum persönlichen Gebrauch können von EU-Bürgern zollfrei ein- und ausgeführt werden (u. a. 800 Zigaretten odefr 1 kg Tabak, 90 l Wein oder 10 l Spirituosen). Für Schweizer und für Nordzypern gelten Obergrenzen: z. B. 200 Zigaretten, 1 l Spirituosen. Beim Übertritt von Nord- nach Südzypern dürfen maximal zwei Schachteln Zigaretten mitgeführt werden.

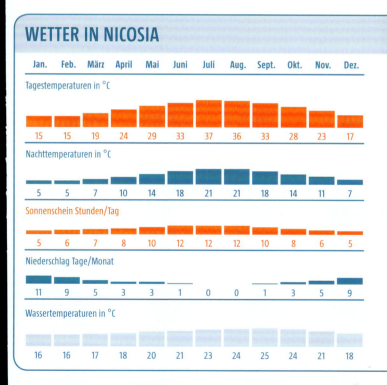

## WETTER IN NICOSIA

| | Jan. | Feb. | März | April | Mai | Juni | Juli | Aug. | Sept. | Okt. | Nov. | Dez. |
|---|---|---|---|---|---|---|---|---|---|---|---|---|
| Tagestemperaturen in °C | 15 | 15 | 19 | 24 | 29 | 33 | 37 | 36 | 33 | 28 | 23 | 17 |
| Nachttemperaturen in °C | 5 | 5 | 7 | 10 | 14 | 18 | 21 | 21 | 18 | 14 | 11 | 7 |
| Sonnenschein Stunden/Tag | 5 | 6 | 7 | 8 | 10 | 12 | 12 | 12 | 10 | 8 | 6 | 5 |
| Niederschlag Tage/Monat | 11 | 9 | 5 | 3 | 3 | 1 | 0 | 0 | 1 | 3 | 5 | 9 |
| Wassertemperaturen in °C | 16 | 16 | 17 | 18 | 20 | 21 | 23 | 24 | 25 | 24 | 21 | 18 |

# SPRACHFÜHRER GRIECHISCH

## AUSSPRACHE

Zur Erleichterung der Aussprache sind alle griechischen Wörter mit einer einfachen Aussprache (in der mittleren Spalte) versehen. Folgende Zeichen sind Sonderzeichen:

| | |
|---|---|
| ´ | die nachfolgende Silbe wird betont |
| ð | wie englisches „th" in „the", mit der Zungenspitze hinter den Zähnen |
| θ | wie englisches „th" in „think", mit der Zungenspitze zwischen den Zähnen |

| | | | | | | | | | | |
|---|---|---|---|---|---|---|---|---|---|---|
| A | α | a | H | η | i | N | ν | n | T | τ | t |
| B | β | v, w | Θ | θ | th | Ξ | ξ | ks, x | Y | υ | i, y |
| Γ | γ | g, i | I | ι | i, j | O | o | o | Φ | φ | f |
| Δ | δ | d | K | κ | k | Π | π | p | X | χ | ch |
| E | ε | e | Λ | λ | l | P | ρ | r | Ψ | ψ | ps |
| Z | ζ | s, z | M | μ | m | Σ | σ, ς | s, ss | Ω | ώ | o |

### AUF EINEN BLICK

| | | |
|---|---|---|
| Ja./Nein./Vielleicht. | nä/'ochi/'issos | Ναι./Όχι./Ίσως. |
| Bitte./Danke. | paraka'lo/äfcharis'to | Παρακαλώ./Ευχαριστώ. |
| Entschuldige! | sig'nomi | Συγνώμη! |
| Entschuldigen Sie! | mä sig'chorite | Με συγχωρείτε! |
| Darf ich ...? | äpi'träppäte ...? | Επιτρέπεται …? |
| Wie bitte? | o'riste? | Ορίστε? |
| Ich möchte .../ | 'thälo .../ | Θέλω …/ |
| Haben Sie ...? | 'ächäte ...? | Έχετε …? |
| Wie viel kostet ...? | 'posso 'kani ...? | Πόσο κάνει …? |
| Das gefällt mir (nicht). | Af'to (dhän) mu a'rässi | Αυτό (δεν) μου αρέσει. |
| gut/schlecht | ka'llo/kak'ko | καλό/κακό |
| zu viel/viel/wenig | 'para pol'li/pol'li/'ligo | πάρα πολύ/πολύ/λίγο |
| alles/nichts | ólla/'tipottal | όλα/τίποτα |

### BEGRÜSSUNG & ABSCHIED

| | | |
|---|---|---|
| Gute(n) Morgen!/Tag!/ | kalli'mära!/kalli'mära!/ | Καλημέρα!/Καλημέρα!/ |
| Abend!/Nacht! | kalli'spära!/kalli'nichta! | Καλησπέρα!/Καληνύχτα! |
| Hallo!/Auf Wiedersehen!/ | 'ja (su/sass)!/a'dio!/ | Γεία (σου/σας)!/αντίο!/ |
| Tschüss! | Ja (su/sass)! | Γεία (σου/σας)! |
| Ich heiße ... | mä 'läne ... | Με λένε … |

# Milás elliniká?

**„Sprichst du Griechisch?" Dieser Sprachführer hilft Ihnen, die wichtigsten Wörter und Sätze auf Griechisch zu sagen**

## DATUMS- & ZEITANGABEN

| | | |
|---|---|---|
| Montag/Dienstag | dhäf'tära/'triti | Δευτέρα/Τρίτη |
| Mittwoch/Donnerstag | tät'tarti/'pämpti | Τετάρτη/Πέμπτη |
| Freitag/Samstag | paraskä'wi/'sawatto | Παρασκευή/Σάββατο |
| Sonntag/Werktag | kiria'ki/er'gassimi | Κυριακή/Εργάσιμη |
| heute/morgen/gestern | 'simära/'awrio/chtess | Σήμερα/Αύριο/Χτες |
| Wie viel Uhr ist es? | ti 'ora 'ine? | Τι ώρα είναι; |

## UNTERWEGS

| | | |
|---|---|---|
| Hafen | li'mani | Λιμάνι |
| Flughafen | a-ero'drommio | Αεροδρόμιο |
| Fahrplan/Fahrschein | drommo'logio/issi'tirio | Δρομολόγιο/Εισιτήριο |
| Ich möchte ... mieten. | 'thälo na nik'jasso ... | Θέλω να νοικιάσω … |
| ein Auto/ein Fahrrad/ ein Boot | 'änna afto'kinito/'änna po'dhilato/'mia 'warka | ένα αυτοκίνητο/ένα ποδήλατο/μία βάρκα |
| Tankstelle | wänzi'nadiko | Βενζινάδικο |
| Benzin/Diesel | wän'zini/'diesel | Βενζίνη/Ντίζελ |

## ESSEN & TRINKEN/ÜBERNACHTEN

| | | |
|---|---|---|
| Könnte ich bitte ... haben? | tha 'ithälla na 'ächo ...? | Θα ήθελα να έχο …; |
| Ich möchte zahlen, bitte. | 'thäl'lo na pli'rosso parakal'lo | Θέλω να πληρώσω παρακαλώ. |
| Ich habe ein Zimmer reserviert. | 'kratissa 'änna do'matjo | Κράτησα ένα δωμάτιο. |
| Einzelzimmer | mon'noklino | Μονόκλινο |
| Doppelzimmer | 'diklino | Δίκλινο |

## EINKAUFEN & GESUNDHEIT

| | | |
|---|---|---|
| Wo finde ich ...? | pu tha wro ...? | Που θα βρω …; |
| Apotheke/Drogerie | farma'kio/ka'tastima | Φαρμακείο/Κατάστημα καλλυντικών |
| Bäckerei/Markt | 'furnos/ago'ra | Φούρνος/Αγορά |
| Lebensmittelgeschäft | pandopo'lio | Παντοπωλείο |
| Arzt/Zahnarzt | ja'tros/odhondoja'tros | Ιατρός/Οδοντογιατρός |
| Kiosk | pä'riptero | Περίπτερο |
| teuer/billig/Preis | akri'wos/fti'nos/ti'mi | ακριβός/φτηνός/Τιμή |
| mehr/weniger | pjo/li'gotäre | πιό/λιγότερο |
| Schmerzmittel/Tablette | paf'siponna/'chapi | Παυσίπονο/Χάπι |

# SPRACHFÜHRER TÜRKISCH

## AUSSPRACHE

| | |
|---|---|
| ı | nur angedeutetes „e" wie in „bitten, danken", Bsp.: ırmak |
| c | wie in „Ingenieur", Bsp.: cam |
| ç | wie in „Tscheche, deutsch", Bsp.: çan |
| h | wie in „Bach, noch", Bsp.: hamam |
| ğ | „Dehnungs-g", wird nicht ausgesprochen. Entspricht deutschem „Dehnungs-h" in „Zahn", Bsp.: yaCmur |
| j | wie in „Garage, Loge", Bsp.: jilet |
| ş | wie in „schön, Tisch", Bsp.: teker |
| v | wie in „Wasser, Violine", Bsp.: vermek |
| y | wie in „jeder", Bsp.: yok |
| z | wie in „lesen, reisen", Bsp.: deniz |

### AUF EINEN BLICK

| | |
|---|---|
| Ja./Nein./Vielleicht. | Evet./Hayır./Belki. |
| Bitte./Danke. | Lütfen./Teşekkür (ederim). oder Mersi. |
| Entschuldige! | Afedersin! |
| Entschuldigen Sie! | Afedersiniz! |
| Darf ich ...? | İzin verir misiniz? |
| Wie bitte? | Efendim? Nasıl? |
| Ich möchte .../Haben Sie ...? | ... istiyorum./... var mı? |
| Wie viel kostet ...? | ... ne kadar? Fiyatı ne? |
| Das gefällt mir (nicht). | Beğendim./Beğenmedim. |
| gut/schlecht | iyi/kötü |
| kaputt/funktioniert nicht | bozuk/çalışmıyor |
| zu viel/viel/wenig | çok fazla/çok/az |
| alles/nichts | hepsi/hiç |
| Darf ich Sie/hier fotografieren? | Sizin fotoğrafınızı çekebilir miyim? |

### BEGRÜSSUNG & ABSCHIED

| | |
|---|---|
| Gute(n) Morgen!/Tag!/ | Günaydın!/İyi Günler!/ |
| Abend!/Nacht! | İyi Akşamlar!/İyi Geceler! |
| Hallo!/Auf Wiedersehen! | Merhaba!/Allaha ısmarladık! |
| Tschüss! | Hoşçakal! (Plural: Hoşçakalın!)/Bye bye! |
| Ich heiße ... | Adım ... oder İsmim ... |
| Wie heißen Sie? | Sizin adınız ne?/Sizin isminiz ne? |

# Türkçe biliyormusun?

**„Sprichst du Türkisch?" Dieser Sprachführer hilft Ihnen, die wichtigsten Wörter und Sätze auf Türkisch zu sagen**

## DATUMS- & ZEITANGABEN

| | |
|---|---|
| Montag/Dienstag | Pazartesi/Salı |
| Mittwoch/Donnerstag | Çarşamba/Perşembe |
| Freitag/Samstag | Cuma/Cumartesi |
| Sonntag/Werktag | Pazar/İş günü |
| Feiertag | Tatil Günü oder Bayram |
| heute/morgen/gestern | bugün/yarın/dün |

## UNTERWEGS

| | |
|---|---|
| offen/geschlossen | açık/kapalı |
| Abfahrt (Abflug)/Ankunft | kalkış/varış |
| Toiletten/Damen/Herren | tuvalet (WC)/bayan/bay |
| links/rechts | sol/sağ |
| geradeaus/zurück | ileri/geri |
| Bahnhof/Hafen | istasyon/liman |
| Flughafen | havaalanı |
| Ich möchte ... mieten. | ... kiralamak istiyorum. |
| ein Auto | bir otomobil/araba |
| ein Boot/Ruderboot | bir tekne/sandal |
| Tankstelle | benzin istasyonu |
| Benzin/Diesel | benzin/dizel |

## ESSEN & TRINKEN/ÜBERNACHTEN

| | |
|---|---|
| Die Speisekarte, bitte. | Menü lütfen. |
| Könnte ich bitte ... haben? | ... alabilir miyim lütfen? |
| Ich möchte zahlen, bitte. | Hesap lütfen. |
| Haben Sie noch ...? | Daha ... var mı? |
| Einzelbett-/Einzelzimmer | tek yataklı/tek kişilik oda |
| Doppelbett-/Doppelzimmer | çift yataklı/çift kişilik oda |

## EINKAUFEN

| | |
|---|---|
| Wo finde ich ...? | ... nerede bulurum? |
| Ich möchte.../Ich suche... | ... istiyorum/... arıyorum |
| Apotheke/Drogerie | eczane/parfümeri |
| Bäckerei/Markt | fırın/pazar |
| Einkaufszentrum/Kaufhaus | alışveriş merkezi/bonmarşe |
| Lebensmittelgeschäft | gıda marketi/bakkal |
| Supermarkt | süpermarket |

# REISEATLAS

Die grüne Linie ▬▬▬ zeichnet den Verlauf der Ausflüge & Touren nach
Die blaue Linie ▬▬▬ zeichnet den Verlauf der Perfekten Route nach

Der Gesamtverlauf aller Touren ist auch in
der herausnehmbaren Faltkarte eingetragen

Bild: Kastell am Hafen von Páfos

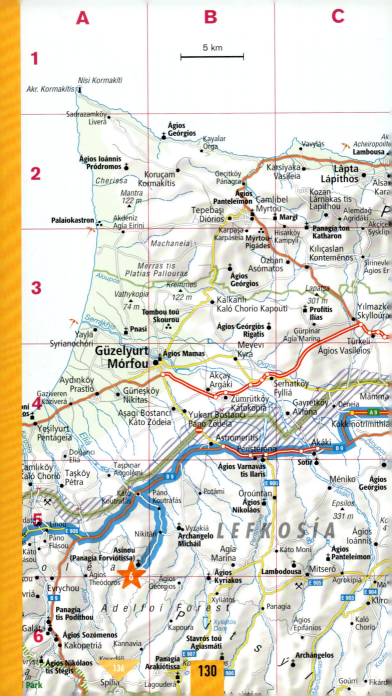

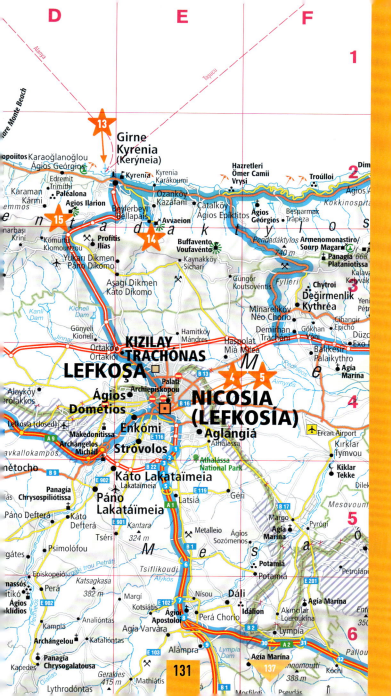

D     E     F

**1**

Akr. Apóstolos Andréas

Ammoi

Kilhanero
139 m

Ormos toú
Exarchou

Kentinari

**Panagía
Aféndrika**   **Ouranía**

**Asomatos**

163 m

**Apostolos
Andreas**   **5**

**Agía Varvara**

Akr.
Galounópe*

Akr. Pachyámmos

**Karpasía**

**Ágios Philon/Fýlon**

Ormos tis
Nagkomis

s toú
Rona

**Ágios Filon**

**Agía Mavra**

**Agía Athanasia**

**11**   **Golden Sand Beach**

**Ágios Synesios**

**Dipkarpaz
Rizokárpaso**

**2**

**Panagía
Eleousa**

i   a

Nísi Asíro

ounos   Sykada

ournu
nóporni

**3**

Nísi Kila

Mavrokremmos

Nísi Kernadia

Nísi Sernos

Balalan
Platanissós

Nísi Skales

Yedikonuk
Eptakómi

Nísi Galounia

Aspromoutti

165 m

Kavallaropetra

329 m

**4**

Kaplica
Bay

Kaplica

**Lithosourka**   Davlós

**Ágios Nikólaos**   330 m
Kairos

Büyükkonuk
Kómi

**Panagía
tis Kyras**   **5**

Mehmetçik
Galáteia

Mersínlik
Flamoúdi

**Kantára**

Kilitkaya
Krídela

Sazlıköy
Livádia

Pamuklu
Tavrou

**Panagía
Kanakaria**

Kantára

725 m

Zeybekköy

**Ágios Efstáthios**

Bafra
Vokolída

F o r e s t

Turnalar
Geráni

Tuzluca
Patríki

Çayırova
**Ágios Theódoros**

Kaya Artemis Re

**5**

**Panagía toú
Tochniou**

Ardahan
Ardana

Ergazi
Ovgoros

Nísi tis Péllouras

Topçuköy

Troullí

38 m

Valea

**Ágios Andrónikos**

Kalecik
Gastriá

Zeytin Burnu
Akr. Elaía

Altínova
**Ágios Iakovos**

Yarköy
**Ágios Ilías**

**Knídos**

os

**Foradomantra**

Boğaztepe
Monarga

**Ágios
Ioánnis**

Boğaz

**RUS**

Yeni İskele
Tríkomo

**Panagía
Theotokou**

Bogázi

**Olive Oil
and Flour Mill**

Sınırüstü
Sygkrásiö

Bahçeler
Perivólia

K o l p o s
A m m ó c h o s t o u

Sygkrásis
datoexameni

**Ágios
Epifánios**

Boğaziçi
Lápathos

Aygún
**Ágios Geórgios**   **5**

Kuzucuk
Arnadi

rim

Ötüken
Spatharikó

**Panagía
Paradeisiotissa**

**Panagía**

**6**

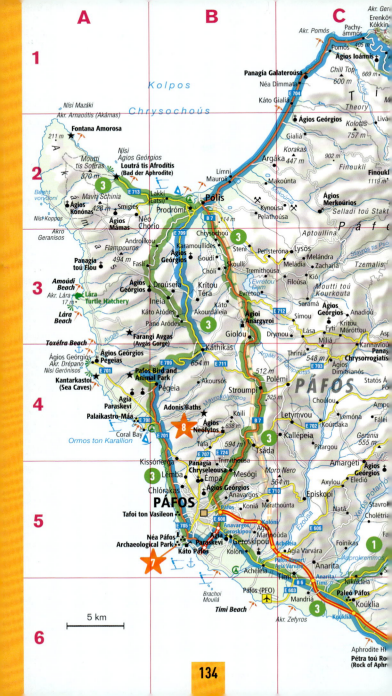

A B C

1

*Kolpos*
Nísi Mazáki
Akr. Arnaoútis (Akámas)

*Chrysochoús*

Akr. Pomós
Pachyámmos
Pomós 405 m
Ágios Ioánnis
Chill Top 600 m 669 m
Panagía Galateroúsa
Néa Dímmata
Káto Gialiá
E 704
Theory

Fontana Amorosa
211 m
Nísi
Ágios Geórgios
Moútti tis Sotíras 870 m
Loutrá tis Afrodíti (Bad der Aphrodite)
E 713
Lakkí (Latsí)
Prodrómi
Polis
B 7 114 m
Límni Mauroli
Makoúnta
Kynoúsa
Pelathoúsa

Ágios Geórgios
Kolotás 757 m
Livá
Gialiá
Korakas 447 m
Argáka
Finoukli 902 m

2

Bucht von Joni
Mavrí Schiniá
Ágios Konónas 428 m Smigiés
Ágios Mámas
Néo Chorió
Androlíkou
Flampouros 494 m Fasli
Andriolíkou
Ágios Geórgios
Goudí Skoulli
Chrysochoú
Steni
Lysós
Peristeróna
Meládra Meládia Zacharia
Kió Filoúsa
Tremithoúsa
Evrétou Dam
Ágios Merkoúrios
Selladi toú Stakt

*Páfo*
Aptoullina

3

Amoúdi Beach
Akr. Lára 17 m
Lára Turtle Hatchery
Lára Beach
Toxéfra Beach
Panagía toú Flou
Ágios Geórgios
Droúseia
Inéia
Káto Aródes
Páno Aródes
Farangi Avgas (Avgás Gorge)

Krítou Téra
Káto Akourdáleia
Ágioi Anárgyroi
Giólou
Kathikás

Evrétou
Saramá
Símou
Mília
Lása
Drymou
Thriniá

Moútti toú Kourkouta
Ágios Geórgios
Anadioú
Eyti Máróttou
Krítou Máróttou
Kannaviou
Panag Chrysorrogiatis

4

Ágios Geórgios Akr. Drépano
Nísi Geronísos
Kantarkastoí (Sea Caves)
Agía Paraskeví
Palaikastro-Máa
Coral Bay
Ormos ton Karallion
E 701

Ágios Geórgios Pégeias
E 709
Páfos Bird and Animal Park
Pégeia
Adonis Baths
Akoúrsos
Stroumpi
E 711 512 m
Polémi
525 m
Choúlou
Ágios Neófytos
Koíli
638 m
B 7
Tála 594 m
Tsáda
Kallépeia
Pitargou

548 m
Ágios Dimitrianós
E 703
Statós
Fó
Letymvou
E 702 Koúrdaka
Lemóna Fáleí
Geránia 555 m

5

Kissónerga
Lémba
Chlórakas
PÁFOS
Tafoí ton Vasíleon
Néa Páfos
Archaeological Park
Káto Páfos

Panagía Chryseleousa
Ágios Geórgios
Anavargos
Konia
E 705
Anavargos
Agía Paraskeví
Koloni
Geroskipou
Acheléia
Agía Varvára

Trimithoúsa
Mesógi
Moro Nero 564 m
Episkopi
Natá

Amargéti
Axylou
Eledió
Choléria
Foínikas

Ágios Geórgios
Stavrof

6

5 km

Brachoi Mouliá
Tími Beach
Páfos (PFO)
Pálos Airport/
Aela Varv.
E 608
B 6
E 603
Achéléia
Tími
Mandriá
Akr. Zefyros
Anarita
Paleó Páfos
Koúklia
Aphrodite H
Pétra toú Ro (Rock of Aphr

134

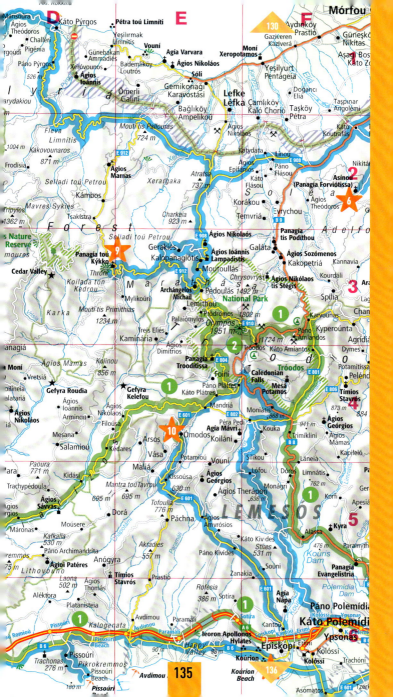

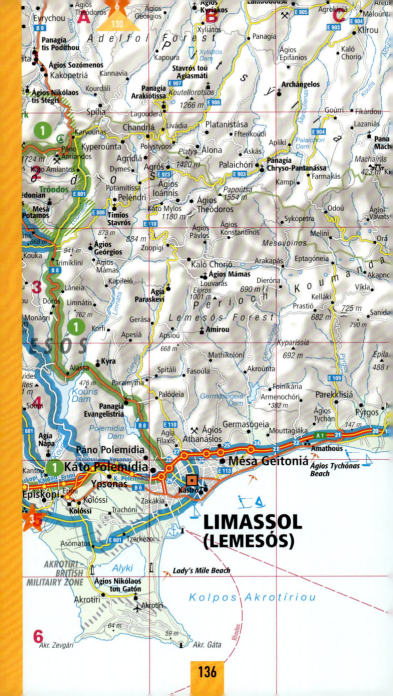

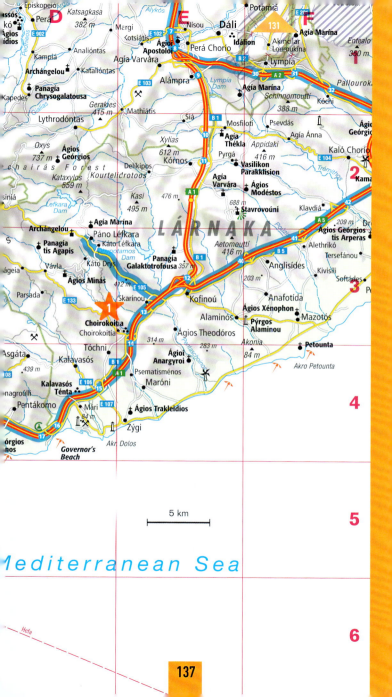

# KARTENLEGENDE

| | |
|---|---|
| **A 5** | Autobahn mit Nummer<br>Motorway with number |
| | Schnellstraße<br>Clearway |
| **B 5** | Fernstraße mit Nummer<br>Highway with number |
| **E 104** | Hauptstraße mit Nummer<br>Main road with number |
| | Nebenstraßen<br>Secondary road |
| | Straße ungeteert<br>Road unpaved |
| | Straße in Bau; in Planung<br>Road under construction; projected |
| | Fahrweg<br>Carriage way |
| | Distriktgrenze<br>District border |
| | Sperrgebiet<br>Prohibited area |
| | Nationalpark, Naturreservat<br>National park, nature reserve |
| | UN-Pufferzone<br>UN buffer area |
| | Britische Militärzone<br>British military area |
| | Grenzlinie in UN-Pufferzone mit Checkpoint<br>Borderline in UN buffer area with checkpoint |
| | Jugendherberge<br>Youth hostel |
| | Jachthafen<br>Marina |
| | Ankerplatz, Hafen<br>Anchorage, harbour |
| | Windsurfing<br>Windsurfing |
| | Wasserski<br>Water skiing |
| | Ausflüge & Touren<br>Trips & Tours |

| | |
|---|---|
| | Burg; Burgruine<br>Castle; castle ruin |
| | Schloss<br>Palace |
| | Kirche; Kirchenruine<br>Church; church ruin |
| | Kloster; Klosterruine<br>Monastery; monastery ruin |
| | Moschee<br>Mosque |
| | Turm<br>Tower |
| | Leuchtturm<br>Lighthouse |
| | Windräder<br>Wind engines |
| | Wasserfall<br>Cascade |
| | Sehenswürdigkeit<br>Point of interest |
| | Archäologische Stätte<br>Archeological site |
| | Bergbau (stillgelegt)<br>Mining (closed) |
| | Berggipfel; Höhenpunkt<br>Mountain top; geodetic point |
| | Paß<br>Pass |
| | Aussichtspunkt<br>Panoramic view |
| | Campingplatz<br>Camping ground |
| | Badestrand<br>Beach |
| | Internationaler Flughafen<br>International airport |
| | Flugplatz<br>Aerodrome |
| | Perfekte Route<br>Perfect route |

 MARCO POLO Highlight

# FÜR DIE NÄCHSTE REISE ...

# ALLE **MARCO POLO** REISEFÜHRER

# REGISTER

In diesem Register sind alle im Reiseführer erwähnten Orte, Ausflugsziele und Strände aufgeführt. Gefettete Seitenzahlen verweisen auf den Haupteintrag.

# SCHREIBEN SIE UNS!

### SMS-Hotline: 0163 6 39 50 20

Egal, was Ihnen Tolles im Urlaub begegnet oder Ihnen auf der Seele brennt, lassen Sie es uns wissen! Ob Lob, Kritik oder Ihr ganz persönlicher Tipp – die MARCO POLO Redaktion freut sich auf Ihre Infos.
Wir setzen alles dran, Ihnen möglichst aktuelle Informationen mit auf die Reise zu geben. Dennoch schleichen sich manchmal Fehler ein – trotz gründ-

### E-Mail: info@marcopolo.de

licher Recherche unserer Autoren/innen. Sie haben sicherlich Verständnis, dass der Verlag dafür keine Haftung übernehmen kann. Kontaktieren Sie uns per SMS, E-Mail oder Post!

MARCO POLO Redaktion
MAIRDUMONT
Postfach 31 51
73751 Ostfildern

**IMPRESSUM**
Titelbild: Hafen Kyrenia (Getty Images/Photodisc: Allen); Himmel und Wolken (Getty Images/Photodisc: Preis)
Fotos: K. Bötig (1 u.); DuMont Bildarchiv: Fabig (18/19, 20, 22, 28/29, 50, 54, 66, 92, 112, 113), Richter (7, 8, 15, 21, 24/25, 112/113); Eco Tourism Cyprus (17 u.); Getty Images/Photodisc: Allen (1 o), Preis (1 o); R. Hackenberg (Klappe r., 3 u., 4, 6, 12/13, 30 l., 72/73, 74, 86/87, 88, 91, 97); Huber: Johanna Huber (2 M. u., 44/45); Laif: Barbagallo (2 o., 5), IML (85); mauritius images: AGE (37, 43), Beuthan (29, 102, 108/109), Freshfood (26 r.), Kreder (30 r.), Nägele (62/63), Pigneter (104/105), Probst (117), Rossenbach (26 l.), Torino (57, 116 u.), World Pictures (27, 110); mauritius images/White Star: Gumm (9); Le Meridien Limassol Spa & Resort (16 M.); MH BikinCyprus Events Management (17 o.); Pantheon Cultural Association: Kyriakos Achilleos (16 o.); Sienna Restaurant (16 u.); T. Stankiewicz (2 u., 3 M., 10/11, 52/53, 61, 69, 76/77, 81, 98/99, 101, 107); T. P. Widmann (Klappe l., 2 M. o., 3 o., 28, 32/33, 34, 38, 40, 46, 49, 58, 64/65, 70, 78, 82, 94, 116 o.; 121, 128/129)

**16., aktualisierte Auflage 2012**
**Komplett überarbeitet und neu gestaltet**
© MAIRDUMONT GmbH & Co. KG, Ostfildern
Chefredaktion: Michaela Lenemann (Konzept, Chefin vom Dienst), Marion Zorn (Konzept, Textchefin)
Autor: Klaus Bötig, Redakt.in: Christina Sothmann
Verlagsredaktion: Ann-Katrin Kutzner, Nikolai Michaelis, Silwen Randebrock
Bildredaktion: Iris Kaczmarczyk, Gabriele Forst
Im Trend: wunder media, München; Kartografie Reiseatlas: DuMont Reisekartografie, Fürstenfeldbruck;
© MAIRDUMONT, Ostfildern;
Kartografie Faltkarte: DuMont Reisekartografie, Fürstenfeldbruck; © MAIRDUMONT, Ostfildern
Innengestaltung: milchhof: atelier, Berlin; Titel, S. 1, Titel Faltkarte: factor product münchen
Sprachführer: in Zusammenarbeit mit Ernst Klett Sprachen GmbH, Stuttgart. Redaktion PONS Wörterbücher

# BLOSS NICHT

**Auch auf Zypern gibt es Dinge, die Sie besser vermeiden**

## KURZKREUZFAHRTEN

Einige Reisebüros und Reiseleiter sind sehr bemüht, Urlauber vom Reiz einer Kurzkreuzfahrt ins Heilige Land oder zu den ägyptischen Pyramiden zu überzeugen. Genießen Sie lieber das Hier und Jetzt: Zypern hat genug Interessantes zu bieten, der Aufenthalt in Jerusalem oder Kairo ist unbefriedigend kurz – und die Reiseleiter in Israel und Ägypten sind mehr an Provisionen für Souvenirkäufe interessiert als an einer qualifizierten Führung.

## DAS HANDELN VERGESSEN

In Páno Léfkara hat jeder Urlauber den Eindruck, gerade zur Ausverkaufszeit zu kommen. Überall gibt es gewaltige Preisnachlässe. Die gibt es freilich das ganze Jahr über – Sie sollten darum das Handeln auf keinen Fall vergessen.

## RELIGIÖSE GEFÜHLE VERLETZEN

Ziehen Sie sich fürs Sightseeing angemessen an: Ohne bedeckte Schultern und Knie wird niemand in Klöster, Kirchen und Moscheen hineingelassen. Vor dem Betreten von Moscheen zieht man die Schuhe aus. Und wer den einheimischen Sitten Respekt erweisen will, verschränkt in Kirchen die Hände nicht auf dem Rücken, zeigt nicht mit den Fingern auf Ikonen und wendet der Ikonostase nicht in ihrer unmittelbaren Nähe den Rücken zu. Bedenken Sie außerdem bei Klosterbesuchen in der Mittagszeit, dass auch Mönche und Nonnen einen Mittagsschlaf halten.

## VOM NORDEN SCHWÄRMEN

Trotz der neuen Freizügigkeit ist über die Hälfte der Südzyprioten noch immer der Meinung, Touristen sollten nicht in Nordzypern übernachten. Wer sich nicht unbeliebt machen möchte, erzählt darum im Süden besser nicht gleich jedem, dass er in Kerýneia oder Famagusta übernachtet hat oder bald dort hinfahren will.

## GASTFREUNDSCHAFT MISSACHTEN

Wer zu einem Tässchen Kaffee eingeladen wurde, darf auf keinen Fall gehen, bevor die Kaffeetasse erkaltet ist. Umgehend eine Gegeneinladung auszusprechen, ist grob unhöflich. Ebenso unpassend wäre es, einem Zyprioten, der einem geholfen hat, den Weg zu finden, dafür ein Trinkgeld in die Hand zu drücken. Fotografieren Sie ihn lieber!

## CABARETS

Wer abendliche Unterhaltung sucht, muss wissen, dass die über 150 zypriotischen Cabarets eher Bordells entsprechen, in denen meist Frauen aus Osteuropa arbeiten – die wenigsten von ihnen freiwillig.

## IN SANDALEN WANDERN

Bei Wanderungen sollten Sie feste Schuhe tragen. Das bietet Schutz – für den allerdings eher unwahrscheinlichen Fall, dass Ihnen eine Schlange zu nahe kommt. Aber sie schützen auch vor viel häufigeren Dornen.